Satzbau

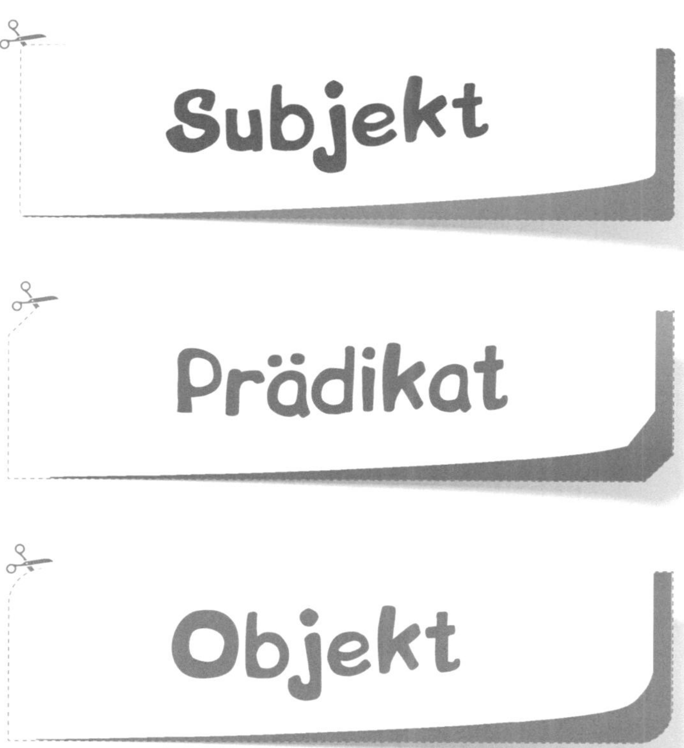

üben und festigen

Kopiervorlagen mit Lösungen

Saskia Kistner | Ann Cathrin Thanuskody

Impressum

Titel
Satzbau üben und festigen
Kopiervorlagen mit Lösungen

Autorinnen
Saskia Kistner, Ann Cathrin Thanuskody

Titelbildmotiv
© piai – Fotolia.com

Druck
Heenemann GmbH & Co. KG, Berlin, DE

Verlag an der Ruhr
Mülheim an der Ruhr
www.verlagruhr.de

Geeignet für die Klassen 3–4

ISBN 978-3-8346-2971-5

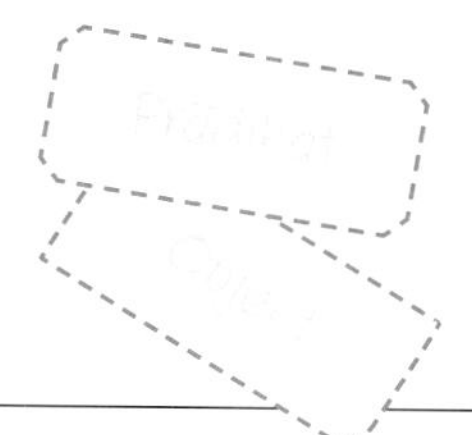

Inhaltsverzeichnis

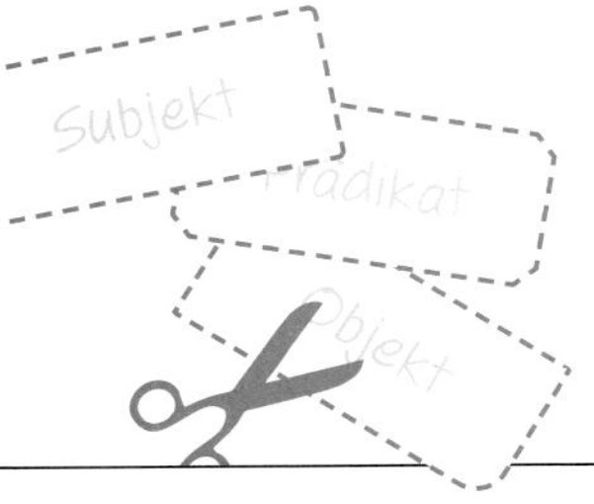

Vorwort

Die vorliegenden Arbeitsblätter zur Erarbeitung und Übung der Satzglieder sind aus langjähriger Erfahrung entstanden. Um die Satzglieder später sicher bestimmen zu können, ist es unerlässlich, dass die Kinder verstanden haben, was ein Satzglied ist und wie ich es erkennen kann. Herauszufinden, wo das Subjekt im Satz ist, fällt den Kindern meist nicht schwer. Das Problem ist dann jedoch, das gesamte Satzglied zu bestimmen.
Beispiel: *Zum Geburtstag bekommt der völlig überraschte Tom einen flauschigen Welpen.*
Den Kindern ist sofort klar, dass „Tom“ hier etwas geschenkt bekommt. „Tom“ ist für sie das Subjekt. Der restliche Teil des Satzgliedes, „der völlig überraschte (Tom)“, wird aber oft nicht erkannt. Wenn die Kinder das Umstellen und somit Erkennen der Satzglieder intensiv geübt haben und sie auf diese Problematik ausdrücklich hingewiesen wurden, kann dieser Fehler eingedämmt werden. Deshalb haben wir besonderen Wert auf diesen Übungsteil gelegt und empfehlen, dem viel Zeit beizumessen und auch in gemeinsamen Phasen immer wieder zu üben und das Erlernte zu festigen.
Grundsätzlich ist das Material für die Klassen 3 und 4 geeignet. Wir haben es in zwei Teile gegliedert, die aber nicht genau so eingehalten werden müssen.
In unserer täglichen Arbeit hat sich die Aufteilung auf zwei Themenblöcke in zwei Jahren als gewinnbringend erwiesen. Im ersten Jahr (Block 1) gilt die Aufmerksamkeit besonders dem Erkennen der Satzglieder und dem Kennenlernen der ersten zwei Satzglieder Subjekt und Prädikat. Hierbei besprechen wir auch immer ausführlich mit den Kindern, dass ein Satz erst dann vollständig ist, wenn er mindestens ein Subjekt und ein Prädikat enthält.
In Block 2 werden die Grundlagen (Umstellung, Subjekt, Prädikat) wiederholt und durch das Akkusativ- und Dativobjekt sowie die adverbialen Bestimmungen des Ortes und der Zeit ergänzt. Die Aufteilung in die zwei Blöcke entnehmen Sie dem Inhaltsverzeichnis.

Wie können die Materialien im Unterricht eingesetzt werden?

Die Arbeitsblätter können gemeinsam im Klassenverbund eingesetzt werden, genauso können die Kinder aber auch in individuellem Tempo selbstständig daran arbeiten. Ganz sicher müssen nicht alle Kinder alle Arbeitsblätter bearbeiten. Problemlos können Sie das Material auch in einer Lerntheke verwenden. Wir haben bewusst auf die Festlegung der Farbzugehörigkeit zu den einzelnen Satzgliedern verzichtet, sodass der individuellen Entscheidung jeder Schule Raum bleibt.
Da das Material ausschließlich aus relativ stupiden Arbeitsblättern besteht, ist es notwendig, die Einheit durch viel kommunikative Auseinandersetzung im Plenum sowie abwechslungsreiche Übungsformen zu ergänzen.

Wir wünschen Ihnen viel Erfolg bei der Durchführung der Einheit „Satzbau üben und festigen“!

Herzliche Grüße
Saskia Kistner & Ann Cathrin Thanuskody

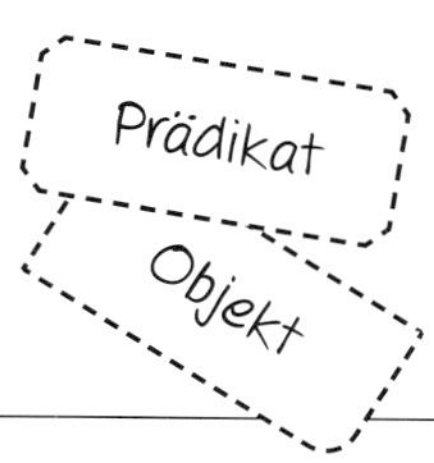

Der Satz und seine Wörter (1/2)

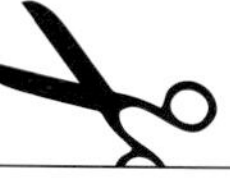

Ein Satz besteht aus mehreren Teilen. Diese Teile nennt man **Satzglieder**. Satzglieder bestehen aus einem oder mehreren Wörtern.
Du erkennst ein Satzglied daran, dass die Wörter nicht voneinander getrennt werden können, sie bleiben immer zusammen. Welche Wörter zusammenstehen, erkennst du, wenn du den Satz umstellst.

Sieben Kinder einer Klasse sollen aus allen Wortkarten Sätze bilden.
Es gibt zwei Regeln:

1. Die Sätze müssen sinnvoll sein.
2. Alle Wortkarten müssen bei jedem Satz benutzt werden.

dem	kleine	Hof	auf	Hans	spielt	der

So stellen sie sich als Erstes auf:

Auch bei der zweiten Möglichkeit sind sie sich schnell einig:

Danach wird es schwieriger, denn jeder will einmal ganz vorn stehen.
Sie diskutieren wild. Luisa schlägt vor: „Hans spielt der kleine auf dem Hof.“
Aber die anderen sind damit nicht einverstanden. „Das macht doch keinen Sinn!“, ruft Lukas. „**Der kleine Hans** gehört immer zusammen, diese Wörter kann man

Männchen: © VRD - stock.adobe.com

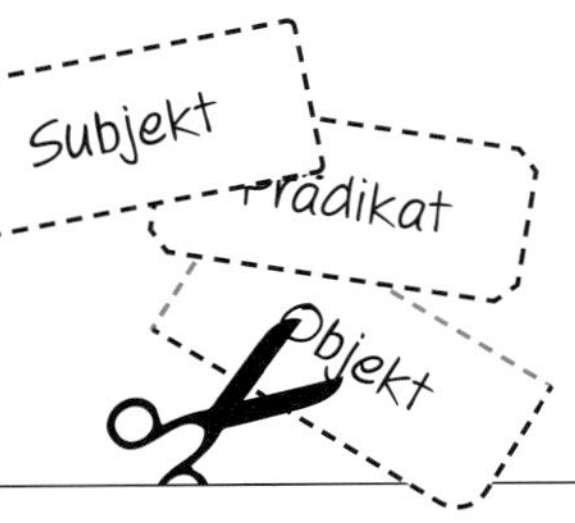

Der Satz und seine Wörter (2/2)

nicht voneinander trennen. Nehmt euch mal an die Hand. Das ist gut, dass wir das schon wissen." Carlos geht ebenfalls ein Licht auf: „Hey, dann müssen sich die Kinder mit den Karten **auf, dem** und **Hof** auch an den Händen fassen, die kann man nämlich auch nicht trennen." „Nur Ibrahim bleibt allein, er hat **spielt**. Jetzt soll er sich mal nach vorn stellen", fordert Maria auf.

„Ja, das geht gut!", jubelt Michi. „Hey, da gibt es sogar zwei Möglichkeiten mit **spielt** vorn. Los, die hinteren beiden Satzglieder tauschen mal."

Denise stellt fest:

- Nicht jedes Wort kann vorn stehen.
- Manche Wörter müssen immer zusammenbleiben.
  Dann besteht das Satzglied aus mehreren Wörtern.
- Jedes Satzglied kann vorn stehen.
- Es gibt aber auch Satzglieder, die nur aus einem Wort bestehen.

Lies den Infotext aufmerksam durch.
Schreibe die zwei gestrichelten Kästen in dein Heft ab.
Schreibe die vier Sätze der Kinder in dein Heft ab.
Denke daran:
- **Am Satzanfang schreibst du groß.**
- **Am Satzende steht ein „." oder „?".**

© Verlag an der Ruhr | Autorinnen: Kistner/Thanuskody | ISBN 978-3-8346-2971-5 | www.verlagruhr.de

Die Umstellprobe

Die Satzglieder findest du leicht heraus, wenn du die Sätze **umstellst**. Die Wörter, die immer **beieinander bleiben**, bilden ein **Satzglied**.

Beispiel: Der Hund frisst leckere Kekse.

(Der Hund) (frisst) (leckere Kekse).

(Leckere Kekse) (frisst) (der Hund).

(Frisst) (der Hund) (leckere Kekse)?

Stelle die Sätze um. Jedes Satzglied soll genau einmal vorn stehen.
Kreise die Satzglieder mit <u>Bleistift</u> ein.

Das Kind spielt mit dem Ball.

→ ....

→ ....

Auf dem Tisch liegt ein Buch.

→ ....

→ ....

Gestern ging Tom ins Kino.

→ ....

→ ....

→ ....

Ich lese in der Zeitung.

→ ....

→ ....

© Verlag an der Ruhr | Autorinnen: Kistner/Thanuskody | ISBN 978-3-8346-2971-5 | www.verlagruhr.de

Sätze umstellen

 **Stelle die Sätze um. Jedes Satzglied soll genau einmal vorn stehen. Kreise die Satzglieder mit Bleistift ein.**

Die Katze kratzt am Sofa.

→ ……………………………………………

→ ……………………………………………

Mittags essen die Kinder köstliches Eis.

→ ……………………………………………

→ ……………………………………………

→ ……………………………………………

Wunderschön singen die Lerchen im Wald.

→ ……………………………………………

→ ……………………………………………

→ ……………………………………………

Morgens frühstücke ich gern Müsli.

→ ……………………………………………

→ ……………………………………………

→ ……………………………………………

→ ……………………………………………

Sätze bilden (1/2)

**Bilde aus den Wörtern sinnvolle Sätze und schreibe sie auf.
Stelle die Sätze um. Jedes Satzglied soll genau einmal vorn stehen.
Kreise die Satzglieder mit Bleistift ein.**

findet – seine – Julian – Turnschuhe – neuen

→ ....

→ ....

→ ....

gut – Mama – die – gefällt – Kette

→ ....

→ ....

→ ....

→ ....

der – schwimmt – im – Fisch – Kreis

→ ....

→ ....

→ ....

heißen – Hassan – mag – Tee

→ ....

→ ....

→ ....

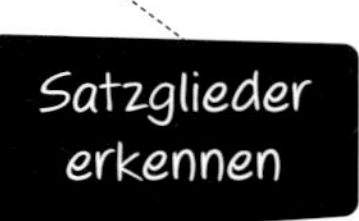

Sätze bilden (2/2)

Bilde aus den Wörtern sinnvolle Sätze und schreibe sie auf.
Stelle die Sätze um. Jedes Satzglied soll genau einmal vorn stehen.
Kreise die Satzglieder mit Bleistift ein.

sucht – Brille – Papa – seine – neue

➔ ....

➔ ....

➔ ....

bekommt – Geburtstag – ein – zum – Pia – Bett

➔ ....

➔ ....

➔ ....

➔ ....

keinen – Sabine – möchte – Kaffee

➔ ....

➔ ....

➔ ....

Tante – kocht – Suppe – Matilda – eine

➔ ....

➔ ....

➔ ....

© Verlag an der Ruhr | Autorinnen: Kistner/Thanuskody | ISBN 978-3-8346-2971-5 | www.verlagruhr.de

Satzglieder finden

Kreise in den Sätzen alle Satzglieder mit Bleistift ein.
Du findest sie am besten heraus, wenn du die Sätze im Kopf umstellst.
Denke daran: Jedes Satzglied muss einmal vorn stehen.

Auf dem Dach sitzen schwarze Vögel.

Letzte Woche kam Onkel Peter zu Besuch.

Heiße Nudelsuppe esse ich am liebsten.

Im Fußballtraining erklärt unser Trainer die Regeln.

Meine große Familie feiert jedes Jahr alle Geburtstage.

Die deutsche Flagge ist schwarz, rot und gold.

Im Zoo raufen die jungen Löwen.

Unsere Lehrerin hat viele bunte Stifte im Mäppchen.

In der Pause esse ich eine Brezel.

Der freche Max kritzelt mit seinem Bleistift auf die Tischplatte.

Malen wir heute mit den teuren Ölkreiden von Frau Schmitt?

In zwei Jahren fliegen wir ins weit entfernte Kanada.

Morgen beginnen die ersehnten Sommerferien.

Satzglieder dürfen nicht verändert werden

Beim Umstellen der Sätze musst du eine wichtige Regel beachten:
Satzglieder dürfen nie verändert werden!

Du darfst Wörter nicht vertauschen oder verändern, auch wenn es trotzdem sinnvolle Sätze werden.

Beispiel:

(Max und Mia) (spielen) (Tischtennis).

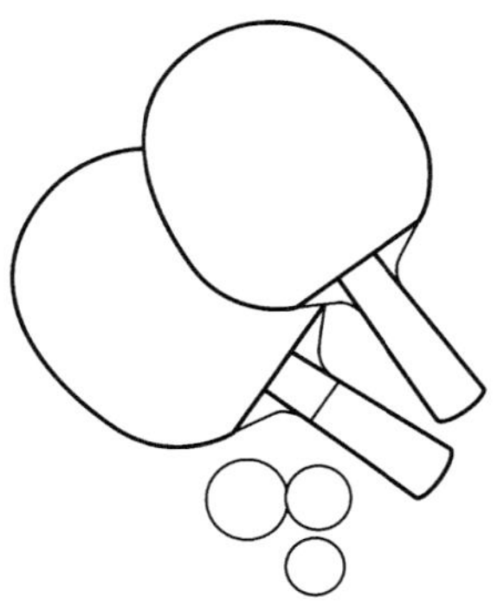

Du darfst „Max und Mia" **nicht** vertauschen.
~~Mia und Max spielen Tischtennis.~~

(Der Hund) (frisst) (süße Kekse).

Du darfst „süße Kekse" **nicht** trennen.
~~Der süße Hund frisst Kekse.~~

 **Schreibe den gestrichelten Kasten in dein Heft ab.**
Kreise in den Sätzen alle Satzglieder mit Bleistift ein.

Im Sportverein spielen meine Freunde und ich Fußball.

Onkel Luis und Tante Margit fahren übermorgen mit mir in den Urlaub.

Kennst du das Spiel „Verstecken mit Freischlagen"?

Der kleine Fritz füttert die Katze mit köstlicher Salami.

Papa hämmert viele Nägel in das neue Gartenhäuschen.

Verzweifelt sucht Carolina ihre schwarze Tasche mit dem Autoschlüssel.

© Verlag an der Ruhr | Autorinnen: Kistner/Thanuskody | ISBN 978-3-8346-2971-5 | www.verlagruhr.de

Die Umstellprobe – Wiederholung

Die Satzglieder findest du leicht heraus, wenn du die Sätze **umstellst**. Die Wörter, die immer **beieinander bleiben**, bilden ein **Satzglied**.

Beispiel: Das Bild hängt an der Wand.

(Das Bild) (hängt) (an der Wand).

(An der Wand) (hängt) (das Bild).

(Hängt) (das Bild) (an der Wand)?

Schreibe den gestrichelten Kasten in dein Heft ab.
Stelle die Sätze um. Jedes Satzglied soll genau einmal vorn stehen.
Kreise die Satzglieder mit Bleistift ein.

Die Kaiserin Sissi lebte in Wien.

→ ....

→ ....

Mir fehlt seit gestern ein Zahn.

→ ....

→ ....

→ ....

Der Wind bläst Blätter auf das Dach.

→ ....

→ ....

→ ....

© Verlag an der Ruhr | Autorinnen: Kistner/Thanuskody | ISBN 978-3-8346-2971-5 | www.verlagruhr.de

Sätze bilden - Wiederholung

Bilde aus den Wörtern sinnvolle Sätze und schreibe sie auf.
Stelle die Sätze um. Jedes Satzglied soll genau einmal vorn stehen.
Kreise die Satzglieder mit Bleistift ein.

Petra – Tasche – Geld – holt – der – aus – ihr

→ ......

→ ......

→ ......

→ ......

seine – Wald – verlor – Bruder – Uhr – mein – im

→ ......

→ ......

→ ......

→ ......

pünktlich – Kaminkehrer – der – kommt

→ ......

→ ......

→ ......

Hund – meines – gefährliche – der – bellt – Nachbarn

→ ......

→ ......

© Verlag an der Ruhr | Autorinnen: Kistner/Thanuskody | ISBN 978-3-8346-2971-5 | www.verlagruhr.de

Satzglieder finden (1/2) – Wiederholung

Kreise in den Sätzen alle Satzglieder mit Bleistift ein.
Du findest sie am besten heraus, wenn du die Sätze im Kopf umstellst.
Denke daran: Jedes Satzglied muss einmal vorn stehen.

Der Schornstein der Fabrik qualmt seit Tagen fürchterlich.

Meine Eltern besuchen Oma Trudi und Opa Jörg im Altersheim.

In der Deutschstunde schreiben wir heute einen schwierigen Aufsatz.

Vor der Theateraufführung bin ich sehr aufgeregt.

Im Schwimmbad wage ich heute einen Kopfsprung vom Dreimeterbrett.

Die Holzfarben meiner Schwester liegen versteckt in der Schublade.

Im Zoo knabbern die Pandas frische Bambusblätter.

Begeistert besuchen meine Eltern das neu eröffnete Museum.

Der Regen klatscht laut gegen das Fenster.

Die Schnecken fressen in unserem Garten den ganzen Salat.

Unter Wasser sehe ich einen außergewöhnlich schönen Fisch.

Meine Schwester klaut Kirschen vom Nachbarn.

Meine Mutter näht mir ein regenbogenfarbenes Kleid.

© Verlag an der Ruhr | Autorinnen: Kistner/Thanuskody | ISBN 978-3-8346-2971-5 | www.verlagruhr.de

Satzglieder finden (2/2) – Wiederholung

 **Kreise in den Sätzen alle Satzglieder mit Bleistift ein.**

Martina liegt mit ihrer warmen Wolldecke im Bett.

Zu meiner Einschulung bekam ich eine Tüte voller Süßigkeiten.

Auf dem Jahrmarkt gewinnt Franziska einen Blumentopf.

Unter dem Dach brütet ein Schwalbenpärchen.

Endlich funktioniert die Heizung in unserem neuen Haus.

Der Briefträger flüchtet entsetzt vor dem kläffenden Hund.

Eine Woche voller Samstage wäre mir am liebsten.

Die Spezialität meiner Mutter ist Erdbeertorte mit Sahne.

Zum Ferienbeginn gehen meine Familie und ich ins Freibad.

Auf dem Berg machen wir endlich eine lange Pause.

Viele Tiere leben auf dem Bauernhof meines Onkels.

Alle warten gespannt auf das Ergebnis.

Die Trikots der Fußballer liegen in der Kabine.

In der Waldhütte sucht der Wanderer Schutz vor dem Gewitter.

Das Subjekt - der Satzgegenstand

Jedes Satzglied hat einen Namen. Das erste Satzglied, das du kennenlernst, heißt **„Subjekt"**. Jeder vollständige Satz handelt von einem Gegenstand, einer Sache oder einer Person.
Man nennt dieses Satzglied **„Satzgegenstand"** oder **„Subjekt"**.

Um das Subjekt in einem Satz herauszufinden, fragst du mit der Frage:
„Wer oder was ...?"

Beispiele:

(Die Freude) ist groß. — **Wer oder was** ist groß?

(Moritz) geht in die Schule. — **Wer oder was** geht in die Schule?

Schreibe den gestrichelten Kasten in dein Heft ab.
Schreibe die Fragen nach den Subjekten auf.
Kreise die Subjekte in den Sätzen ein.

Beispiel:

(Susanne) schreibt einen Brief.

→ Wer oder was schreibt einen Brief?

Max malt ein schönes Bild.

→ Wer oder was ....

Die Katze schleckt Milch.

→ ....

Mittags isst Nikolai bei Oma.

→ ....

Das Geheimnis war groß.

→ ....

Aufgaben-Icon(s): © Verlag an der Ruhr; Stift: © Anja Boretzki

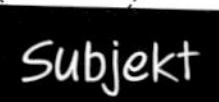

Subjekt

Die Frage nach dem Subjekt

Achtung: Wenn du nach dem Subjekt fragst, musst du manchmal das Verb verändern.

Beispiel: Wir kletter**n** auf den Baum.
Wer oder was klettert auf den Baum?

Schreibe den gestrichelten Kasten in dein Heft ab.
Schreibe die Fragen nach den Subjekten auf.
Kreise die Subjekte in den Sätzen ein.

Meine Geschwister streiten laut.

→ ....

Ich nehme ein Buch in die Hand.

→ ....

Den Rekord im Weitsprung halte ich.

→ ....

Voller Vorfreude öffnen die Kinder die Tür.

→ ....

Zum Abendessen machen wir heute Salat.

→ ....

Die Vögel zwitschern im Käfig.

→ ....

Im Laden kaufen Isabel und Michaela Bonbons.

→ ....

Nachts brüllen die Zwillinge.

→ ....

Subjekt-Fragen für Profis

Schreibe die Fragen nach den Subjekten auf.
Kreise die Subjekte in den Sätzen ein.

Jemand stiehlt mir immer meine Schokolade.

➔ ……………………………………………………………………………………

Zum Sportfest kommen alle Kinder gern.

➔ ……………………………………………………………………………………

Es ist laut.

➔ ……………………………………………………………………………………

Der Hase und der Igel machen einen Wettlauf.

➔ ……………………………………………………………………………………

Auf der Straße liegen viele Blätter und Äste.

➔ ……………………………………………………………………………………

Die Mitarbeiter der Firma Müller haben Urlaub.

➔ ……………………………………………………………………………………

Im Winter laufen manche gern Ski.

➔ ……………………………………………………………………………………

© Verlag an der Ruhr | Autorinnen: Kistner/Thanuskody | ISBN 978-3-8346-2971-5 | www.verlagruhr.de

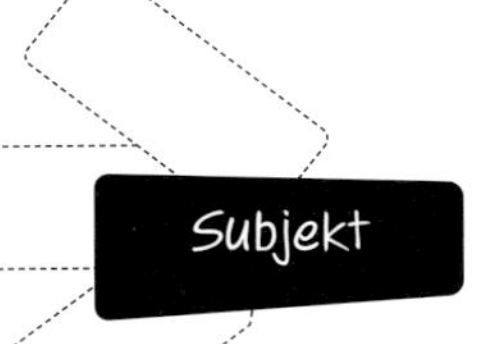

Satzglieder und Subjekte finden

Trenne die Satzglieder ab.
Stelle die Fragen nach den Subjekten und kreise sie ein.

Beispiel:
In meinem Zimmer |sitzt| (ein kleiner Welpe.)

Wer oder was sitzt in meinem Zimmer?

Montags gehen mein Vater und meine Mutter in die Stadt.

Die Handwerker reparieren unser Garagendach.

Die Farben des Regenbogens leuchten am Himmel.

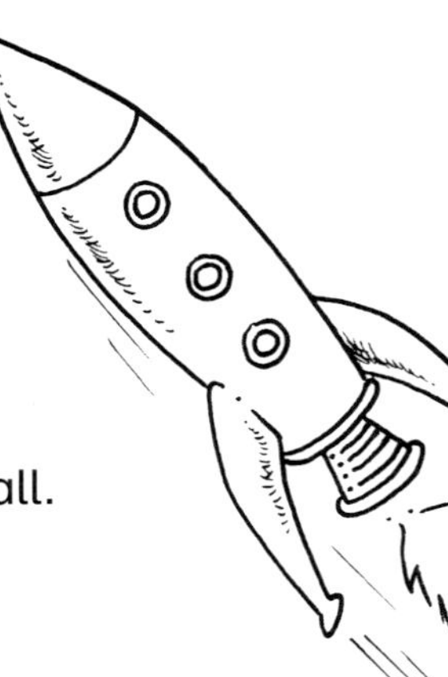

Eine Tasse Tee trinke ich zum Frühstück.

Eine schnelle Rakete fliegt mit Lichtgeschwindigkeit ins Weltall.

Herr Mann bringt seine Briefe zur Post.

Mit dem Taschenrechner löst unser Lehrer die Rechenaufgaben.

Die Kinder springen mit ihren Gummistiefeln in die Pfützen.

Im Brunnen vor dem Schloss schwimmt eine glückliche Entenfamilie.

An der Tür läutet es.

Das ist keine gute Idee.

© Verlag an der Ruhr | Autorinnen: Kistner/Thanuskody | ISBN 978-3-8346-2971-5 | www.verlagruhr.de

Subjekt

Subjekte finden

Ibrahim hat noch Schwierigkeiten, das ganze Subjekt zu finden. Er hat immer nur einen Teil unterstrichen. Kannst du ihm helfen? Kreise die Subjekte ein.

Die Zebras und die Affen tanzen im Zirkus.

Der kleine Tobias humpelt durch das Haus.

Mit ihrer Lupe liest Oma Resi die Zeitung.

Manchmal verlieren unsere Lehrer fast den Verstand.

Stehen Teller und Tassen schon auf dem Tisch?

Im Aufzug sprechen Frau Maier und Frau Öztürk über ihre Kinder.

Nachmittags gehen viele Mütter mit ihren Kindern auf den Spielplatz.

Die Jacke meines Bruders hat ein großes Loch.

Die lustigen Clowns und ihre Hunde toben durch die Arena.

Die zuverlässigen Krankenschwestern umsorgen ihre Patienten.

Plötzlich streiten die Spieler und die Trainer um das letzte Tor.

Die Fensterläden und das Garagentor klappern im Wind.

© Verlag an der Ruhr | Autorinnen: Kistner/Thanuskody | ISBN 978-3-8346-2971-5 | www.verlagruhr.de

Die Frage nach dem Subjekt - Wiederholung

Jedes Satzglied hat einen Namen. Das erste Satzglied, das du kennengelernt hast, heißt **„Subjekt"**.

Um das Subjekt in einem Satz herauszufinden, fragst du: **„Wer oder was …?"**

Schreibe den gestrichelten Kasten in dein Heft ab.
Schreibe die Fragen nach den Subjekten auf.
Kreise die Subjekte in den Sätzen ein.

Beispiel:
Im Regal stehen (viele Bücher).

→ Wer oder was steht im Regal?

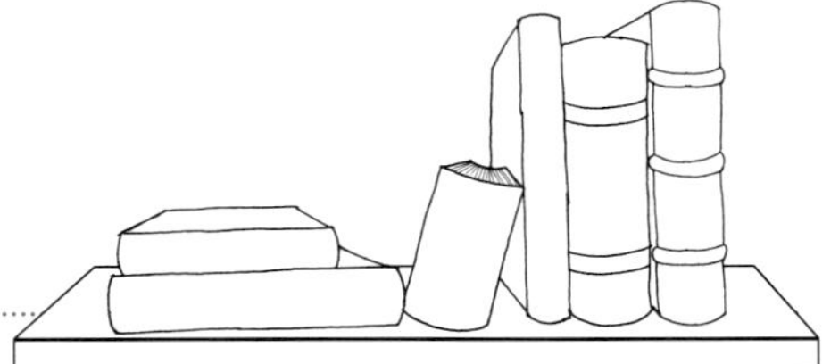

Der kleine Hund wedelt mit dem Schwanz.

→ ……………………………………

Seinen Namen krächzt der Papagei.

→ ……………………………………

Gestern Abend fand Oma Lissi eine eklige Kröte im Keller.

→ ……………………………………

Die Fliegenklatsche liegt unter dem Sofa.

→ ……………………………………

Das Spiel kostet 20 Euro.

→ ……………………………………

Die Behauptung ist falsch.

→ ……………………………………

© Verlag an der Ruhr | Autorinnen: Kistner/Thanuskody | ISBN 978-3-8346-2971-5 | www.verlagruhr.de

Subjekt-Fragen für Profis - Wiederholung

Schreibe die Fragen nach den Subjekten auf.
Kreise die Subjekte in den Sätzen ein.

Der Leiter des Kaufhauses schreibt einen Brief.

→ ....

Viele essen gern Eis.

→ ....

Sind die Bücher der Bücherei gut sortiert?

→ ....

Es ist sehr warm.

→ ....

Katrin und ihre Schwestern kaufen Schokolade für Opa Herbert.

→ ....

Das Ladegerät des Handys ist verschwunden.

→ ....

Im Mathebuch sind viele Tabellen abgebildet.

→ ....

Das war sehr aufregend.

→ ....

Belustigt beobachten Ayla und Karim die spielenden Kinder.

→ ....

© Verlag an der Ruhr | Autorinnen: Kistner/Thanuskody | ISBN 978-3-8346-2971-5 | www.verlagruhr.de

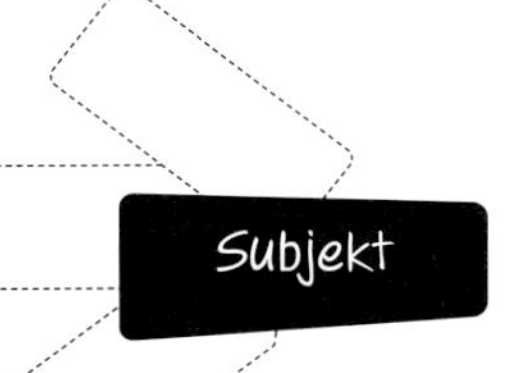

Subjekte finden - Wiederholung

Trenne die Satzglieder ab.
Stelle die Fragen nach den Subjekten und kreise sie ein.

Beispiel:
Im Koffer |liegt| (mein T-Shirt.)

Wer oder was liegt im Koffer?

Gläser und Teller stehen im Schrank.

Die Hose meines Bruders ist voller Grasflecken.

Schneit es heute Nacht?

Aufgeregt erzählen Josef und Antonia von ihrem Ausflug.

Niemand findet das versteckte Gold.

Hannes und Marietta feiern heute Hochzeit.

Im Herbst erntet Bauer Jakob Äpfel und Birnen.

Ihm glaubt keiner.

Das Glück war auf seiner Seite.

Die Verantwortung für die Pausenspiele ist groß.

Flog der Computer aus dem Fenster?

Schnell rannte er von der Wiese.

Für die Hotelgäste bezieht das Zimmermädchen die Betten.

Das Ergebnis machte alle sehr glücklich.

© Verlag an der Ruhr | Autorinnen: Kistner/Thanuskody | ISBN 978-3-8346-2971-5 | www.verlagruhr.de

Prädikat

Das Prädikat - die Satzaussage

Das zweite Satzglied, das du kennenlernst, heißt **„Prädikat"**.
Das Prädikat ist immer ein **Verb**!
Dieses Satzglied steht im **Aussagesatz** immer an **zweiter** Stelle.
Durch das Prädikat erfährt man, was ist, was geschieht, was jemand tut.
Man kann daher nach dem Prädikat mit **„Was ist?"**, **„Was geschieht?"** oder **„Was tut jemand?"** fragen.

Cho **schläft** auf dem Sofa.

Alexandra **sitzt** in der Schule.

In **Frage- und Aufforderungssätzen** steht das Prädikat an **erster** Stelle:

Gehen wir heute ins Kino?

Lies die Anweisung genau!

Schreibe den gestrichelten Kasten in dein Heft ab.
Kreise in den Sätzen die Prädikate ein.
Tipp: Das Prädikat ist immer ein Verb!

Durstig trinkt Melanie einen Eistee.

Im Museum bewundern die Schüler die Kunstwerke.

Kaufen wir noch Gemüse?

Auf der Speisekarte stehen köstliche Gerichte.

In der großen Pause tobten die Kinder auf dem Spielplatz.

Manchmal träume ich von karierten Elefanten.

Im Unterricht lernen wir ein Gedicht.

Ich spiele Klavier.

Hol mir das Buch!

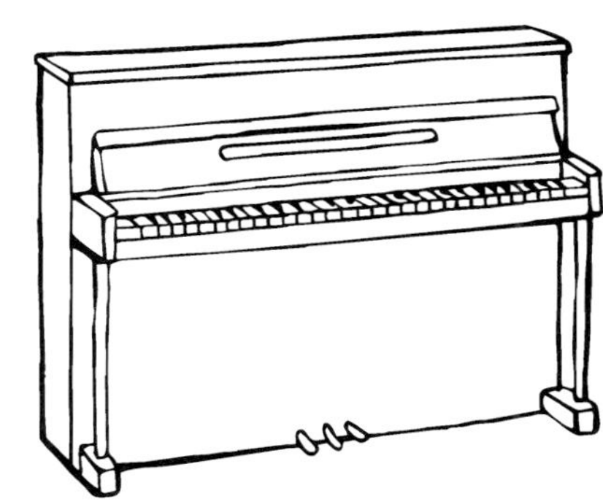

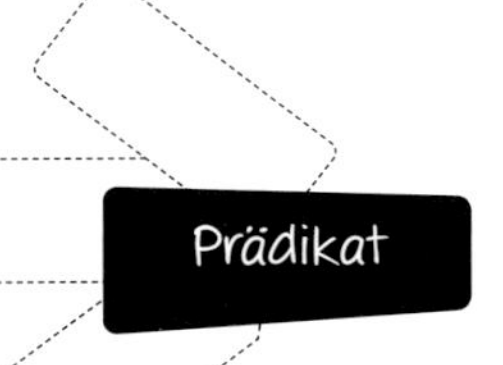

Prädikate finden

Kreise in den Sätzen die Prädikate ein.
Tipp: Das Prädikat ist immer ein Verb!

Spielen wir heute Völkerball?

Morgen fahren wir in den Urlaub.

Brief und Briefumschlag findest du in der rechten Schublade.

Komm bitte schnell zum Telefon!

Niemand kannte den Weg zur Brücke.

Xaver mag gern Himbeermarmelade von Mama.

Im Frühling blühen rote Tulpen am Straßenrand.

Sticken wir nächste Woche einen Vogel?

Geh an die Tür!

Im Wasserwerk liefen die Pumpen die ganze Nacht.

In Italien presst man gutes Olivenöl.

Paul schleppt für Oma die Saftkiste in den Keller.

Am Strand bauten Tim und Mia eine riesengroße Sandburg.

Hol mir bitte ein Glas Wasser!

Der Lehrer diktiert uns gleich die Übungswörter.

Horst ergänzt seine Eisenbahn durch einen weiteren Waggon.

Auf der Waschmaschine schlummert das Kätzchen.

Schwierige Prädikate

Es gibt zwei Verben, die sehr schwer zu erkennen sind. Sie heißen **„haben“** und **„sein“**.
Du bekommst sie durch die Frage „Was tut?“ oder „Was geschieht?“ nicht heraus. Deshalb musst du sie dir gut merken.

Infinitiv: sein

Präsens	**Präteritum**
ich bin	ich war
du bist	du warst
er ist	er war
wir sind	wir waren
ihr seid	ihr wart
sie sind	sie waren

Infinitiv: haben

Präsens	**Präteritum**
ich habe	ich hatte
du hast	du hattest
sie hat	sie hatte
wir haben	wir hatten
ihr habt	ihr hattet
sie haben	sie hatten

Schreibe den gestrichelten Kasten in dein Heft ab.
Kreise in den Sätzen die Prädikate ein.

Ich habe großen Hunger.

Bist du nachher zu Hause?

Luca hatte einen schrecklichen Albtraum.

Sie waren im vergangenen Jahr zweimal in Kroatien.

Da hattet ihr aber Glück.

Ihr ist furchtbar schlecht.

Franz und Tillmann sind im Schwimmbad.

Jonathan hat eine neue Jacke.

© Verlag an der Ruhr | Autorinnen: Kistner/Thanuskody | ISBN 978-3-8346-2971-5 | www.verlagruhr.de

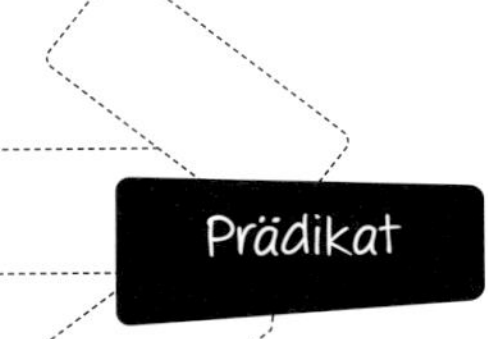

Prädikat

Prädikate gesucht

In den Sätzen fehlen immer die Prädikate, dadurch sind die Sätze unvollständig. Setze passende Prädikate, wie im Beispiel, ein und schreibe die vollständigen Sätze in dein Heft.

Beispiel: fahre

In zehn Minuten ich mit dem Fahrrad zur Schule.

Diana ein Bananenbrot zum Frühstück.

Im Radio sie die neuesten Lieder.

Morgens Rebecca zuerst ihr Gesicht.

Das Wettrennen sehr spannend.

Mama einen Kuchen für meinen Geburtstag.

Im Winter es kalt.

Ben und Mara einen Walzer.

Kristina ihren Koffer für eine lange Reise nach Indien.

Die Klasse ein langes Diktat über Tiere.

Ich sehr durstig.

Oma die Blumen auf dem Balkon jeden Abend.

Nach einem zehnstündigen Flug das Flugzeug endlich.

Prädikat

Die Frage nach dem Prädikat

- Wiederholung

Das zweite Satzglied, das du kennengelernt hast, heißt **„Prädikat“**.
Das Prädikat ist immer ein **Verb**!
Du fragst nach dem Prädikat mit **„Was ist?“**, **„Was geschieht?“** oder **„Was tut jemand?“**.
Dieses Satzglied steht im **Aussagesatz** immer an **zweiter** Stelle.
In **Frage- und Aufforderungssätzen** steht das Prädikat an **erster** Stelle:

Wir (**lesen**) ein Buch.

(**Kochen**) wir Spaghetti?

(**Lies**) genau!

Schreibe den gestrichelten Kasten in dein Heft ab.
Kreise in den Sätzen die Prädikate ein.

Morgens putze ich mir die Zähne.

Lukas fand eine Schatzkarte in einer alten Truhe.

Das Handy klingelt im Kino.

Holst du bitte das Mehl aus dem Schrank?

Die Eishockeyfans jubelten über das Tor ihrer Mannschaft.

Die Tomaten schmecken heute besonders gut.

Gib mir mein Heft!

In der Waschanlage reinigt die Bürste die Felgen.

Auf dem Dach sitzen drei Spatzen.

Durch das Fenster beobachte ich streitende Nachbarn.

Miri und Alex laufen durch die Stadt zur Turnhalle.

© Verlag an der Ruhr | Autorinnen: Kistner/Thanuskody | ISBN 978-3-8346-2971-5 | www.verlagruhr.de

Die Prädikatsklammer

Ist ein Prädikat zweiteilig, umklammert es andere Satzteile und bildet eine **Prädikatsklammer**.

Ich **habe** die Türklingel **gehört**.

Die Kinder **haben** die schönen Blumen **gekauft**.

Katharina **denkt** über ihre Hausaufgaben **nach**.

Eine Prädikatsklammer gibt es dann,

- wenn das Verb im Satz geteilt wird. Beispiel:

  herausholen: Ich **hole** mein Buch **heraus**.

- wenn die Zeitform aus zwei Wörtern besteht. Dies ist beim Perfekt und beim Futur der Fall. Beispiele:

  In der Schule **haben** die Kinder ein Lied **gesungen**.

  In der Schule **werden** die Kinder ein Lied **singen**.

Bei einer Prädikatsklammer steht der zweite Teil des Prädikats immer am Ende des Satzes.

Schreibe den gestrichelten Kasten in dein Heft ab.
Bilde in deinem Heft Sätze mit Prädikatsklammern und zeichne sie wie im Beispiel ein. Benutze die Wörter aus der Gedankenblase.

Beispiel: abgeben: Ich **gebe** meine Hausaufgaben **ab**.

zurückgeben vorlesen einpacken
mitspielen durchlesen
mitnehmen abreißen anschauen
vorstellen nachdenken

© Verlag an der Ruhr | Autorinnen: Kistner/Thanuskody | ISBN 978-3-8346-2971-5 | www.verlagruhr.de

Prädikatsklammern finden

Kreise in den Sätzen die Prädikate ein.
Tipp: Denke an die Prädikatsklammer!

Meine Tante Tina holt mich vom Training ab.

Hinter der Tür wartet mein Bruder.

In einem Monat zieht meine Familie um.

Maria und Karl sind gestern Großeltern geworden.

Auf dem Schreibtisch liegen viele Blätter herum.

In der Garage stehen noch die Sprudelkisten.

Die Wolken ziehen schnell vorüber.

Nächstes Jahr werdet ihr mich in England besuchen.

Die Schüler haben das Theaterstück fleißig einstudiert.

Sebastian kämmt seine Haare vor dem Spiegel.

Niklas und Anton schwimmen um die Wette.

Joschua fällt einfach keine Lösung ein.

Sind wir endlich angekommen?

© Verlag an der Ruhr | Autorinnen: Kistner/Thanuskody | ISBN 978-3-8346-2971-5 | www.verlagruhr.de

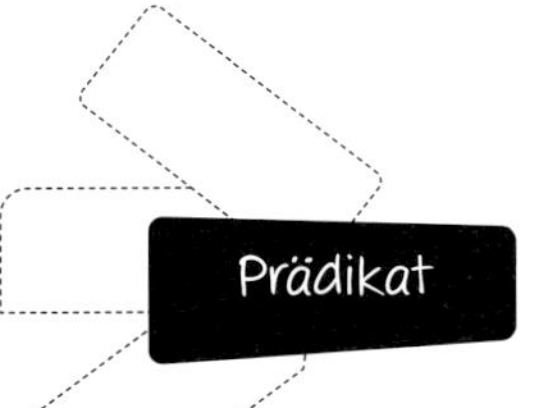

Prädikate und Prädikatsklammern finden

Trenne die Satzglieder ab.
Stelle die Fragen nach den Prädikaten und kreise sie ein.
Zeichne auch die Prädikatsklammern ein.

Beispiel:
Der Arzt | (hat) | meine Tante gründlich (untersucht.)

Was hat der Arzt getan?

Im Badezimmer hat mein Bruder eine Überschwemmung verursacht.

Bring bitte den Müll hinunter!

Wir werden Papa zum Geburtstag eine Uhr schenken.

Ich hole mir schnell ein Brötchen.

Lina hat einen fantasiereichen Aufsatz geschrieben.

Das Nudelwasser ist plötzlich übergekocht.

Machst du bitte dein Bett?

Im Kinderzimmer sieht es sehr unordentlich aus.

Die Glühbirne ist letzte Nacht durchgebrannt.

Leonie trinkt ihr Glas mit Milch aus.

Oma hat in der Waschmaschine die Wäsche vergessen.

Mir ist mein Schulranzen heruntergefallen.

Manchmal nervt das Babygeschrei bei den Nachbarn.

© Verlag an der Ruhr | Autorinnen: Kistner/Thanuskody | ISBN 978-3-8346-2971-5 | www.verlagruhr.de

Das Akkusativ-Objekt

Das dritte Satzglied, das du kennenlernst, heißt **„Akkusativ-Objekt"**. Nach dem Akkusativ-Objekt fragt man mit der Frage: **„Wen oder was ...?"**

Beispiel:

Katja besucht heute (**ihre Freundin**).

Wen oder was besucht Katja?

Schreibe den gestrichelten Kasten in dein Heft ab.
Schreibe die Fragen nach den Akkusativ-Objekten auf.
Kreise die Akkusativ-Objekte in den Sätzen ein.

Beispiel:
Susanne schreibt (einen Brief.)

→ Wen oder was schreibt Susanne?

In den Ferien besuche ich Brigitte.

→ Wen oder was ....

Im Kühlschrank sucht Jakob einen Erdbeerjoghurt.

→ ....

Die Eltern haben ihre Kinder reich beschenkt.

→ ....

Mama holt meine kleine Schwester aus dem Kindergarten ab.

→ ....

Jojo leiht mir sein Buch.

→ ....

© Verlag an der Ruhr | Autorinnen: Kistner/Thanuskody | ISBN 978-3-8346-2971-5 | www.verlagruhr.de

Die Frage nach dem Akkusativ-Objekt

**Schreibe die Fragen nach den Akkusativ-Objekten auf.
Kreise die Akkusativ-Objekte ein.**

Der Hund frisst sein Futter.

→ ....

Lasagne gibt es heute bei Familie Göncü.

→ ....

Zum Geburtstag wünscht sich Fred ein neues Fahrrad.

→ ....

Der Polizist hält den Fahrradfahrer an.

→ ....

Anni bekommt einen Brief von Boris.

→ ....

Ludger will Gabi anrufen.

→ ....

Manfred vergisst seine Hausaufgaben im Bus.

→ ....

Im Restaurant trifft Regina ihre Freundin.

→ ....

Abends liest Olaf gern die Zeitung.

→ ....

© Verlag an der Ruhr | Autorinnen: Kistner/Thanuskody | ISBN 978-3-8346-2971-5 | www.verlagruhr.de

Sätze mit Akkusativ-Objekten bilden

**Bilde aus den Wörtern sinnvolle Sätze und schreibe sie auf.
Kreise die Akkusativ-Objekte ein.**

MP3-Player – auf – hört – Walther – seinem – coolsten – die – Lieder

➔ ....

bestellt – Arzt – neue – und – der – Pflaster – Verbände

➔ ....

Cowboy – trifft – Indianerfreund – seinen – der – Prärie – der – in

➔ ....

der – frisst – Hai – Fahrrad – versehentlich – ein

➔ ....

Herrn – mag – bei – Sportunterricht – Wunz – Maja

➔ ....

Ronja – Geschichte – ihrem – liest – Bruder – vor – Marco – eine

➔ ....

Hugo – Ball – verschenkt – seinen – an – einen – besten – Freund

➔ ....

Luise – und – zeigen – Diktat – Schwester – Mama – das – ihre

➔ ....

der – Hausmeister – Hilfe – um – den – bittet – Schulleiter

➔ ....

© Verlag an der Ruhr | Autorinnen: Kistner/Thanuskody | ISBN 978-3-8346-2971-5 | www.verlagruhr.de

Akkusativ-Objekte finden

Trenne die Satzglieder ab.
Stelle die Fragen nach den Akkusativ-Objekten und kreise sie ein.

Beispiel:

Der Arzt | hat | (meine Tante) | gründlich | untersucht.

Ricardo findet Kennys Buch nicht mehr.

Die Katze sieht die Vögel auf dem Baum.

Auf dem Bauernhof verfolgten die Küken die Henne.

Seit gestern suche ich verzweifelt meine Schere.

Am Flughafen muss ich einen Mietwagen leihen.

Der Verkäufer zeichnet die Waren aus.

Morgen hängt Papa das Bild an die Wand.

Meine Mama legt meine frisch gewaschenen Kleider in den Schrank.

Frau Jielge fragte den Bäcker nach dem Preis der Brote.

Ihre Eier verstecken die Hühner im Stroh.

Isst du heute Popcorn im Kino?

In den Waben sammeln die Bienen ihren köstlichen Honig.

Die Elster klaut den Ring meines Vaters vom Liegestuhl.

Vanilleeis essen alle Kinder sehr gern.

© Verlag an der Ruhr | Autorinnen: Kistner/Thanuskody | ISBN 978-3-8346-2971-5 | www.verlagruhr.de

Das Dativ-Objekt

Das vierte Satzglied, das du kennenlernst, heißt **„Dativ-Objekt"**.
Nach dem Dativ-Objekt fragt man mit der Frage: „Wem …?"

Beispiel:

Ich gebe **meiner Mama** einen Kuss.

Wem gebe ich einen Kuss?

Schreibe den gestrichelten Kasten in dein Heft ab.
Schreibe die Fragen nach den Dativ-Objekten auf.
Kreise die Dativ-Objekte in den Sätzen ein.

Beispiel:
Susanne schreibt mir einen Brief.

→ Wem schreibt Susanne einen Brief?

Die Maus stibitzt dem Eichhörnchen Nüsse.

→ ……………………………………

Morgens gibt Franzi ihrem Wellensittich Körner.

→ ……………………………………

Das blaue Handy gehört ihm.

→ ……………………………………

Herr Krumpein erklärt seinen Schülern die Turnübung.

→ ……………………………………

Zur Hochzeit schenken die Gäste dem Paar eine Reise.

→ ……………………………………

Der Dieb stiehlt dem Ladenbesitzer die Tageseinnahmen.

→ ……………………………………

© Verlag an der Ruhr | Autorinnen: Kistner/Thanuskody | ISBN 978-3-8346-2971-5 | www.verlagruhr.de

Die Frage nach dem Dativ-Objekt

Schreibe die Fragen nach den Dativ-Objekten auf.
Kreise die Dativ-Objekte in den Sätzen ein.

Oma reicht mir ein Glas mit Orangensaft.

➔ ....

Gestern nahm der kleine Rolf Martin das Auto weg.

➔ ....

Der Postbote bringt dem aufgeregten Kind ein Paket.

➔ ....

Einen Karottenbrei kocht die Mutter dem Baby.

➔ ....

Lisa malt Oma Lotte ein schönes Bild.

➔ ....

Morgen wird Krissi ihrem Hamster ein neues Rad kaufen.

➔ ....

Karl vertraut seinem Freund blind.

➔ ....

Dem abfahrenden Zug winkt die Familie hinterher.

➔ ....

Er war ihm dankbar.

➔ ....

© Verlag an der Ruhr | Autorinnen: Kistner/Thanuskody | ISBN 978-3-8346-2971-5 | www.verlagruhr.de

Sätze mit Dativ-Objekten bilden

**Bilde aus den Wörtern sinnvolle Sätze und schreibe sie auf.
Kreise die Dativ-Objekte ein.**

Frau – über – hilft – der – Straße – die – alten – Gaby

➜ ....

Hotel – Familie – gefällt – das – außergewöhnlich – der – gut

➜ ....

Herbert – ein – Onkel – baut – Spielhaus – Ole

➜ ....

Hinweis – Kind – einen – gibt – einem – Norbert

➜ ....

Rezept – Arzthelferin – die – dem – Patienten – gibt – ein

➜ ....

Tüte – eine – Popcorn – kauft – Kino – im – Maren – ihm

➜ ....

Vorfahrt – dem – Rollerfahrer – nimmt – die – Auto – das

➜ ....

Dativ-Objekte finden

Trenne die Satzglieder ab.
Stelle die Fragen nach den Dativ-Objekten und kreise sie ein.

Beispiel:
Die Henne | sucht | (ihrem Küken) | Würmer | im Boden.

Wem sucht die Henne Würmer im Boden?

Gestern Abend gefiel der Kinofilm Hannah und Anneke.

Anjas Hund leckt mir über das Gesicht.

Der zerfallene Schuppen gehört niemandem.

Plötzlich fiel dem Maler der Farbeimer auf den Kopf.

Der Verkäufer präsentiert dem Mann einen schicken Mantel.

Den Ball wirft der Torwart dem Zuschauer zu.

Aus dem Urlaub schreibt meine Schwester mir eine Postkarte.

Gibst du mir ein Stück Torte?

Abends schmiert Emil seiner Frau ein Käsebrot.

In Andalusien zeigen sie uns eine wunderbare Sehenswürdigkeit.

Herzlich gratuliert der Bürgermeister seiner Sekretärin zum Jubiläum.

Am Telefon berichtet er seinem Onkel von den Ferien.

Ich sehe den Elefanten beim Fressen zu.

Manuel stellt dem Lehrer eine Frage.

© Verlag an der Ruhr | Autorinnen: Kistner/Thanuskody | ISBN 978-3-8346-2971-5 | www.verlagruhr.de

Die adverbiale Bestimmung des Ortes

Das fünfte Satzglied, das du kennenlernst, heißt **„adverbiale Bestimmung des Ortes“**.
Satzglieder, nach denen man mit **„Wo?“**, **„Wohin?“** oder **„Woher?“** fragen kann, sagen etwas über den Ort aus.

Beispiel:

Die Kinder gehen **in den Park**.

Wohin gehen die Kinder?

Schreibe den gestrichelten Kasten in dein Heft ab.
Finde die passenden Fragen nach den adverbialen Bestimmungen des Ortes (Wo? Wohin? Woher?).
Kreise die adverbialen Bestimmungen des Ortes in den Sätzen ein.

Beispiel:

Aus dem Schulranzen zieht Maxi sein Lineal.

→ Woher zieht Maxi sein Lineal?

Die Katze sitzt auf dem Baum.

→ ....

In den Sommerferien fährt meine Familie nach Italien.

→ ....

Heute werde ich Maren auf dem Sportfest treffen.

→ ....

Der Hund schnappt die Wurst aus der Hand.

→ ....

In der Schublade findest du die Ersatzpatronen.

→ ....

© Verlag an der Ruhr | Autorinnen: Kistner/Thanuskody | ISBN 978-3-8346-2971-5 | www.verlagruhr.de

Passende Fragen nach dem Ort finden

Stelle die Fragen nach den adverbialen Bestimmungen des Ortes und schreibe die Zahlen 1, 2 oder 3 in den Kreis.

Wo? (1)

Woher? (2)

Wohin? (3)

Am liebsten esse ich Eis in Giovannis Eisdiele. ◯

Aus der Küche rieche ich einen komischen Gestank. ◯

Die besten Nudeln kommen aus Italien. ◯

In der Turnhalle ist Julias Sporttasche verschwunden. ◯

Die Klasse 4a geht heute ins Museum. ◯

Unter dem Sofa liegt eine Socke. ◯

Gleich gehen wir in den Musiksaal. ◯

Viele Schmetterlinge sitzen auf unserem Fliederstrauch. ◯

Johannes bringt das Wasser in den Keller. ◯

Erschöpft setzen sich die Wanderer auf die Bank. ◯

Unter unserer Terrasse versteckt sich ein Igel. ◯

Heimlich bastelt Urs auf dem Dachboden eine Überraschung für Mama. ◯

Eine Fliege zappelt im Spinnennetz. ◯

In der Suppe waren viele Gemüsestückchen. ◯

Räume die Joghurts bitte in den Kühlschrank! ◯

Meine Brieffreundin kommt aus London. ◯

Im Winter fliegen viele Vögel in den Süden. ◯

Der Fuchs rennt in seinen Bau. ◯

Aus Afrika kommen die neuen Nilpferde des Zoos. ◯

© Verlag an der Ruhr | Autorinnen: Kistner/Thanuskody | ISBN 978-3-8346-2971-5 | www.verlagruhr.de

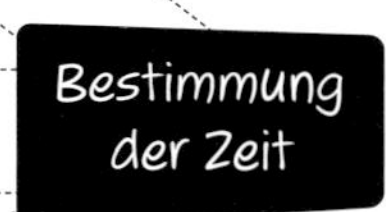

Die adverbiale Bestimmung der Zeit

Das sechste Satzglied, das du kennenlernst, heißt **„adverbiale Bestimmung der Zeit“**. Satzglieder, nach denen man mit **„Wann?“**, **„Seit wann?“**, **„Wie lange?“** oder **„Bis wann?“** fragen kann, sagen etwas über die Zeit aus.

Beispiel:

(Samstags) gehen wir einkaufen.

Wann gehen wir einkaufen?

Schreibe den gestrichelten Kasten in dein Heft ab.
Finde die passenden Fragen nach den adverbialen Bestimmungen der Zeit (Wann? Seit wann? Wie lange? Bis wann?).
Kreise die adverbialen Bestimmungen der Zeit in den Sätzen ein.

Beispiel:

(Seit Tagen) warte ich auf einen wichtigen Brief.

→ Seit wann warte ich auf einen wichtigen Brief?

Die Hausaufgaben müssen bis übermorgen erledigt sein.

→ ....

Zwei Wochen lang ist Julia im Urlaub.

→ ....

Um 14:40 Uhr beginnt meine Klavierstunde.

→ ....

Christian und Marvin treffen sich jeden Morgen beim Bäcker.

→ ....

Svenja und Pit spielen fünf Stunden lang ein Kartenspiel.

→ ....

Passende Fragen nach der Zeit finden

Stelle die Fragen nach den adverbialen Bestimmungen der Zeit und schreibe die Zahlen 1, 2, 3 oder 4 in den Kreis.

Margot spielt schon seit fünf Jahren Saxofon. ◯

Diesen Monat noch bekommt mein Kaninchen Junge. ◯

Für das Stickbild haben wir drei Stunden Zeit. ◯

Du musst bis 18 Uhr zu Hause sein. ◯

In fünf Minuten ist endlich große Pause. ◯

Erschrocken wache ich um Mitternacht aus einem Albtraum auf. ◯

In der Wohnung bleiben wir noch bis November. ◯

Wir müssen noch zehn Minuten auf den Zug warten. ◯

Benni ist schon seit fünf Jahren mein bester Freund. ◯

Ich hatte bis gestern starke Zahnschmerzen. ◯

Meine Oma lebt seit drei Monaten im Altersheim. ◯

Die Fahrt nach Südtirol hat unendlich lang gedauert. ◯

Zwischen 19 und 20 Uhr muss Holger schlafen gehen. ◯

Die Drittklässler müssen 15 Minuten lesen. ◯

Seit Jahren spare ich auf mein neues Fahrrad. ◯

Die schmackhaftesten Erdbeeren erntet man im Sommer. ◯

Die Familie ist bis übermorgen auf Besuch in Berlin. ◯

Schon seit einer Woche freuen sich die zwei Kinder auf den Besuch ihrer Oma. ◯

Wann? 1

Seit wann? 2

Wie lange? 3

Bis wann? 4

© Verlag an der Ruhr | Autorinnen: Kistner/Thanuskody | ISBN 978-3-8346-2971-5 | www.verlagruhr.de

Subjekt und Prädikat - Lösungswort finden

Wie heißt das unterstrichene Satzglied? Kreuze an (Subjekt = S, Prädikat = P). Die angekreuzten Buchstaben ergeben von oben nach unten gelesen ein Lösungswort.

Satz	
Die Hühner tanzen auf der Stange.	☐ S → Ü ☐ P → W
Den Pinguinen wirft der Wärter Fische ins Wasser.	☐ S → B ☐ P → A
Laut brüllt der Löwe.	☐ S → E ☐ P → A
Gestern bekam die Elefantendame ein Junges.	☐ S → K ☐ P → R
Die Federn der Papageien schimmern bunt in der Sonne.	☐ S → R ☐ P → M
Auf dem Rücken trägt die Affenmama ihr Baby.	☐ S → E ☐ P → A
In zwei Minuten ist die Fütterung der Tiger.	☐ S → H ☐ P → S
Die Zebras galoppieren über das Gelände.	☐ S → C ☐ P → K
Sanft fressen die Ziegen den Kindern aus der Hand.	☐ S → K ☐ P → H
Begeistert klatschen die Seelöwen mit ihren Flossen.	☐ S → U ☐ P → P
Das Lama schielt ein wenig.	☐ S → R ☐ P → N

(Unterstrichen: Die Hühner; der Wärter; der Löwe; bekam; Die Federn der Papageien; trägt; ist; Die Zebras; fressen; die Seelöwen; schielt)

___ ___ ___ ___ ___ ___ ___ ___ ___ ___ ___ G

© Verlag an der Ruhr | Autorinnen: Kistner/Thanuskody | ISBN 978-3-8346-2971-5 | www.verlagruhr.de

Subjekt und Prädikat unterscheiden

Trenne die Satzglieder ab.
Stelle die Fragen nach den Prädikaten und kreise sie ein.
Stelle die Fragen nach den Subjekten und unterstreiche sie.

Beispiel:

Christian | verreist | mit seiner Familie | nach Norwegen.

Morgen wandern wir über den nächsten Berg.

Siehst du mich?

Der Frisör schneidet seinem Kunden die Haare.

Manuel und Franz hatten einen schrecklichen Streit.

In einer Woche bekommt Leo einen Roller.

Findest du den Film spannend?

In der Tüte liegen Unmengen alter Flaschen.

Laura und Marie spielten Verstecken mit vielen anderen Kindern.

Bei der Chorprobe fehlen einige Sänger.

Gerti sucht das Heft mit dem roten Umschlag.

Das Licht des Leuchtturmes strahlte hell in der Nacht.

In meinem Kalender fehlen der Mai und der Juni.

Für meine Ordner brauche ich neue Etiketten.

Zu meiner Geburtstagsparty kommen alle Freunde und Verwandten.

© Verlag an der Ruhr | Autorinnen: Kistner/Thanuskody | ISBN 978-3-8346-2971-5 | www.verlagruhr.de

Merksätze ergänzen

Wie gut erinnerst du dich an die Merksätze zu den einzelnen Satzgliedern? Ergänze die Lücken.

1. Die Teile eines Satzes, die beim Umstellen immer zusammenbleiben, werden .... genannt.

2. Das wichtigste Satzglied ist das .... (Satzaussage). Es ist immer ein .... Im Aussagesatz verändert es seine Stellung nicht, es steht immer an .... Stelle. In einem Frage- oder Aufforderungssatz steht es an .... Stelle.

3. Ein weiteres Satzglied ist das .... (Satzgegenstand). Du kannst es mit der Frage .... herausfinden.

4. Das Akkusativobjekt erkennst du durch die Frage ....

5. Mit der Frage „Wem?" bekommst du das .... heraus.

6. Um die adverbiale Bestimmung des Ortes herauszufinden, fragst du mit den Fragen ...., ... und ....

7. Um die adverbiale Bestimmung der Zeit herauszufinden, fragst du mit den Fragen ...., ..., und ...., ...

Alle Satzglieder – Lösungswort finden (1/4)

Wie heißt das unterstrichene Satzglied?
Kreuze an (Subjekt = S, Dativ-Objekt = D, Akkusativ-Objekt = A).
Die angekreuzten Buchstaben ergeben von oben nach unten gelesen ein Lösungswort.

Satz	
Die Melodien des Orchesters gefallen den Zuhörern.	☐ S → S ☐ A → W
Viele Kerzen stecken auf dem Kuchen.	☐ S → C ☐ D → A
Lorenas Haare sind rot.	☐ S → H ☐ D → A
Das neue Spiel gefällt Alina und Chiara sehr gut.	☐ S → K ☐ D → R
Endlich gibt es wieder frische Himbeeren.	☐ A → E ☐ D → M
Im Dachgebälk baut die Schwalbe ein Nest.	☐ S → I ☐ A → E
Die Skispringer haben sehr lange Skier.	☐ S → H ☐ A → B
Das Hemd gehört mir.	☐ S → C ☐ D → T
Auf dem Tisch steht eine Kanne heißer Tee.	☐ S → I ☐ A → H
Oma Charlotta liebt die frischen Blumen in der Vase.	☐ A → S ☐ D → P
Es ist lustig.	☐ S → C ☐ D → N

___ ___ ___ ___ ___ ___ ___ ___ ___ ___ ___ H

Aufgaben-Icon(s): © Verlag an der Ruhr; Vase mit Zweig: © Eva Spanjardt

© Verlag an der Ruhr | Autorinnen: Kistner/Thanuskody | ISBN 978-3-8346-2971-5 | www.verlagruhr.de

Alle Satzglieder – Lösungswort finden (2/4)

Wie heißt das unterstrichene Satzglied?
Kreuze an (Subjekt = S, Dativ-Objekt = D, Akkusativ-Objekt = A).
Die angekreuzten Buchstaben ergeben von oben nach unten gelesen ein Lösungswort.

Satz	
Ich sehe einen riesigen Regenbogen.	☐ S → E ☐ A → S
Die Schnauze des Pudels ist feucht.	☐ S → A ☐ D → K
Lucia will den nassen Frosch nicht küssen.	☐ A → F ☐ D → A
In einer Höhle ist der Schatz versteckt.	☐ S → T ☐ D → R
Endlich findet Opa den Koffer.	☐ A → F ☐ D → K
Jakob trägt seiner Mutter die Tüten ins Haus.	☐ S → I ☐ D → L
Lea beantwortet dem Lehrer eine Frage.	☐ D → A ☐ A → O
Mit einer Hand fing Tommi den Ball.	☐ A → S ☐ D → T
Josef sucht verzweifelt seinen Schlüssel in der Sporttasche.	☐ S → C ☐ A → H
Linus fährt jeden Tag mit dem Bus zur Schule.	☐ A → S ☐ S → H
Heute besucht mich meine Patentante.	☐ S → E ☐ D → N

___ ___ ___ ___ ___ ___ ___ ___ ___ ___ ___

© Verlag an der Ruhr | Autorinnen: Kistner/Thanuskody | ISBN 978-3-8346-2971-5 | www.verlagruhr.de

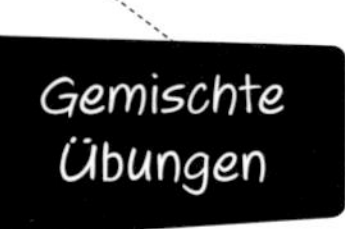

Alle Satzglieder – Lösungswort finden (3/4)

Wie heißt das unterstrichene Satzglied?
Kreuze an (Dativ-Objekt = D, Akkusativ-Objekt = A, adverbiale Bestimmung der Zeit = Z, adverbiale Bestimmung des Ortes = O).
Die angekreuzten Buchstaben ergeben von oben nach unten gelesen ein Lösungswort.

<u>Dem Kind</u> fällt das Glas aus der Hand.
☐ S → E
☐ D → F

Lea und Nadja spielen <u>ein Kartenspiel</u> im Kinderzimmer.
☐ S → A
☐ A → O

<u>Die Tulpen</u> im Garten lassen die Köpfe hängen.
☐ S → L
☐ D → A

Mein Bruder putzte <u>gestern</u> sein neues Auto.
☐ Z → I
☐ O → R

<u>In Frau Hubers Garten</u> stehen viele Obstbäume.
☐ O → E
☐ D → K

Auf dem Bett liegt <u>stets</u> die faule Katze Mia.
☐ O → I
☐ Z → N

Um Mitternacht begann <u>der Maskenball</u>.
☐ S → S
☐ A → O

Die Frösche im Teich quaken <u>die ganze Nacht</u>.
☐ Z → T
☐ D → B

Übermorgen gebe ich <u>dir</u> die CD zurück.
☐ S → C
☐ D → I

Einen süßen Apfel schenkt Noah <u>Gloria</u>.
☐ A → S
☐ D → F

Wolfi will übermorgen <u>seine Oma</u> besuchen.
☐ S → E
☐ A → T

___ ___ ___ ___ ___ ___ ___ ___ ___ ___ ___

Alle Satzglieder – Lösungswort finden (4/4)

Wie heißt das unterstrichene Satzglied?
Kreuze an (Dativ-Objekt = D, Akkusativ-Objekt = A, adverbiale Bestimmung der Zeit = Z, adverbiale Bestimmung des Ortes = O).
Die angekreuzten Buchstaben ergeben von oben nach unten gelesen ein Lösungswort.

Im Gras suchen die Kinder Regenwürmer.
☐ S → N
☐ A → S

Seinem kleinen Bruder leiht Benni das Kartenspiel.
☐ S → A
☐ D → U

Leider ist die Chipstüte fast leer.
☐ S → S
☐ D → A

Flo hat im Regal viele Kuscheltiere.
☐ O → S
☐ D → R

Bald können wir unseren neuen Welpen abholen.
☐ A → J
☐ D → K

Ich lese meine Bücher oft mehrere Male.
☐ S → I
☐ A → O

Claudia und Birgit füttern die süßen Hasen im Stall.
☐ O → G
☐ Z → O

Jeden Freitag übt Janis das Turnen am Reck.
☐ Z → H
☐ D → T

Nach einem Unfall ist die Stoßstange des Autos verbogen.
☐ S → U
☐ A → H

Marla zieht ihren gestreiften Badeanzug am Strand gern an.
☐ O → R
☐ S → H

Dieses Jahr ist Mamas Kirschsaft sehr sauer.
☐ Z → T
☐ D → N

___ ___ ___ ___ ___ ___ ___ ___ ___ ___ ___

© Verlag an der Ruhr | Autorinnen: Kistner/Thanuskody | ISBN 978-3-8346-2971-5 | www.verlagruhr.de

Satzglieder erkennen (1/2)

Stelle die Fragen nach den unterstrichenen Satzgliedern. Schreibe sie und den Namen des Satzgliedes auf.

Beispiel:

Der Mann trinkt einen Kaffee.

→ Wer oder was trinkt einen Kaffee? (Subjekt)

Nachmittags geht Janina in den Karate-Unterricht.

→ ....

Der Autor schreibt stundenlang an seinem neuen Buch.

→ ....

Kurt muss seinen Pudel täglich Gassi führen.

→ ....

Herr Pit gibt dem Kellner ein großzügiges Trinkgeld.

→ ....

Coco ist beim Wandern der Schnürsenkel gerissen.

→ ....

Unter dem Sofa liegt der lang vermisste Schuh.

→ ....

Der neue Koch wäscht den Salat sehr gründlich.

→ ....

Im Meer schwimmen leider viele Abfälle.

→ ....

Gemischte Übungen

Satzglieder erkennen (2/2)

Stelle die Fragen nach den unterstrichenen Satzgliedern. Schreibe sie und den Namen des Satzgliedes auf.

In der Wiese versteckt sich ein kleines Häschen.

→ ....

Die aufgeschlagene Zeitung liegt auf Papas Beinen.

→ ....

Die Krallen unserer Katze sind sehr spitz.

→ ....

In 30 Minuten ist der Apfelkuchen fertig gebacken.

→ ....

Hinter dem Bauernhaus fließt ein kleiner Bach durch die Wiese.

→ ....

Der Lehrer gibt den Schülern die korrigierten Hausaufgaben zurück.

→ ....

Mark stellt den Sattel seines Fahrrades höher.

→ ....

Dagmar füttert das Baby mit schleimigem Haferbrei.

→ ....

In der Kühltruhe wartet leckeres Eis auf uns.

→ ....

© Verlag an der Ruhr | Autorinnen: Kistner/Thanuskody | ISBN 978-3-8346-2971-5 | www.verlagruhr.de

Gemischte Übungen

Bist du fit?

Trenne die Satzglieder ab. Bestimme dann die Satzglieder und unterstreiche sie in der vorgegebenen Farbe:

Subjekt:	**schwarz**	**adverbiale Bestimmung der Zeit:**	**lila**
Prädikat:	**rot**		
Akkusativ-Objekt:	**grün**	**adverbiale Bestimmung des Ortes:**	**blau**
Dativ-Objekt:	**gelb**		

Am Wochenende wird Timo seinen Eltern im Garten helfen.

Das Pferd tritt dem Tierarzt ans Bein.

Seit einiger Zeit besucht Zora einen Schach-Club unten in der Stadt.

Matthias hält mir eine Tafel Schokolade vor die Nase.

Das Auto bremst vor dem Kino ab.

Hinter dem Schulhof findet morgen eine Wasserschlacht statt.

Selten haben wir keine Hausaufgaben auf.

Max und Rosa werden dem Hausmeister in der Küche helfen.

Dominik hört abends Gruselgeschichten.

Im Winter fährt meine Verwandtschaft jedes Jahr nach Österreich.

© Verlag an der Ruhr | Autorinnen: Kistner/Thanuskody | ISBN 978-3-8346-2971-5 | www.verlagruhr.de

LÖSUNGEN

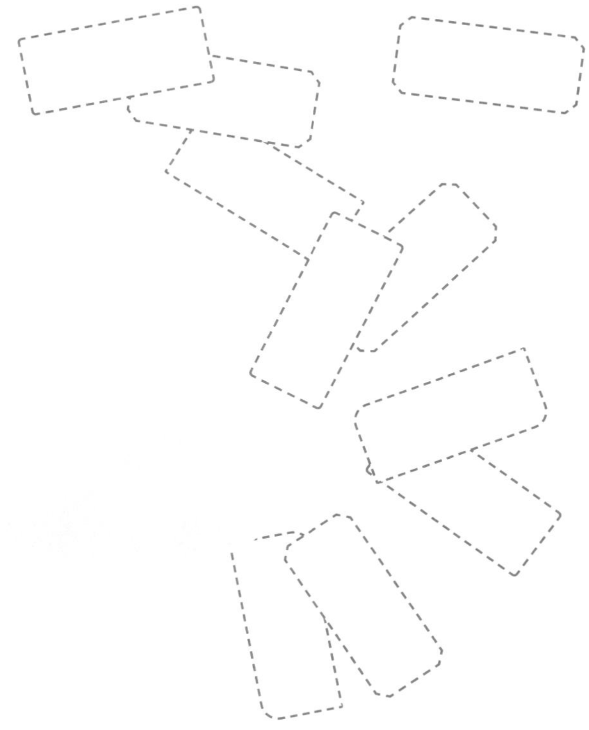

Lösungen

Satzglieder erkennen — Die Umstellprobe

Die Satzglieder findest du leicht heraus, wenn du die Sätze **umstellst**.
Die Wörter, die immer **beieinander bleiben**, bilden ein **Satzglied**.

Beispiel: Der Hund frisst leckere Kekse.

(Der Hund) (frisst) (leckere Kekse).
(Leckere Kekse) (frisst) (der Hund).
(Frisst) (der Hund) (leckere Kekse)?

Stelle die Sätze um. Jedes Satzglied soll genau einmal vorn stehen.
Kreise die Satzglieder mit <u>Bleistift</u> ein.

(Das Kind) (spielt) (mit dem Ball.)
→ (Mit dem Ball) (spielt) (das Kind.)
→ (Spielt) (das Kind) (mit dem Ball?)

(Auf dem Tisch) (liegt) (ein Buch.)
→ (Ein Buch) (liegt) (auf dem Tisch.)
→ (Liegt) (ein Buch) (auf dem Tisch?)

(Gestern) (ging) (Tom) (ins Kino.)
→ (Tom) (ging) (gestern) (ins Kino.)
→ (Ins Kino) (ging) (Tom) (gestern.)
→ (Ging) (Tom) (gestern) (ins Kino?)

(Ich) (lese) (in der Zeitung.)
→ (In der Zeitung) (lese) (ich.)
→ (Lese) (ich) (in der Zeitung?)

© Verlag an der Ruhr | Autorinnen: Kistner/Thanuskody | ISBN 978-3-8346-2971-5 | www.verlagruhr.de

Satzglieder erkennen — Sätze umstellen

Stelle die Sätze um. Jedes Satzglied soll genau einmal vorn stehen.
Kreise die Satzglieder mit <u>Bleistift</u> ein.

(Die Katze) (kratzt) (am Sofa.)
→ (Am Sofa) (kratzt) (die Katze.)
→ (Kratzt) (die Katze) (am Sofa?)

(Mittags) (essen) (die Kinder) (köstliches Eis.)
→ (Die Kinder) (essen) (mittags) (köstliches Eis.)
→ (Köstliches Eis) (essen) (die Kinder) (mittags.)
→ (Essen) (die Kinder) (mittags) (köstliches Eis?)

(Wunderschön) (singen) (die Lerchen) (im Wald.)
→ (Die Lerchen) (singen) (wunderschön) (im Wald.)
→ (Im Wald) (singen) (die Lerchen) (wunderschön.)
→ (Singen) (die Lerchen) (wunderschön) (im Wald?)

(Morgens) (frühstücke) (ich) (gern) (Müsli.)
→ (Ich) (frühstücke) (morgens) (gern) (Müsli.)
→ (Gern) (frühstücke) (ich) (morgens) (Müsli.)
→ (Müsli) (frühstücke) (ich) (gern) (morgens.)
→ (Frühstücke) (ich) (morgens) (gern) (Müsli?)

© Verlag an der Ruhr | Autorinnen: Kistner/Thanuskody | ISBN 978-3-8346-2971-5 | www.verlagruhr.de

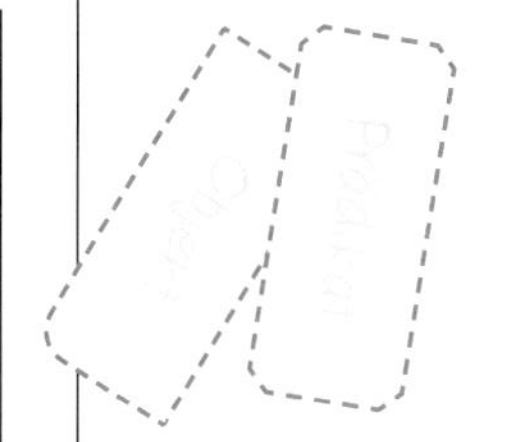

Lösungen

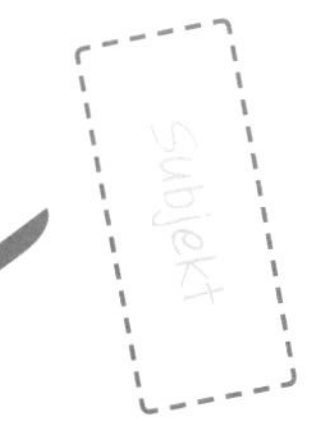
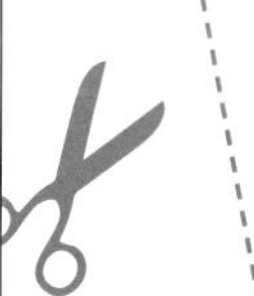

Satzglieder erkennen

Sätze bilden (1/2)

Bilde aus den Wörtern sinnvolle Sätze und schreibe sie auf.
Stelle die Sätze um. Jedes Satzglied soll genau einmal vorn stehen.
Kreise die Satzglieder mit Bleistift ein.

findet – seine – Julian – Turnschuhe – neuen

→ Julian | findet | seine neuen Turnschuhe.

→ Seine neuen Turnschuhe | findet | Julian.

→ Findet | Julian | seine neuen Turnschuhe?

gut – Mama – die – gefällt – Kette

→ Mama | gefällt | die Kette | gut.

→ Die Kette | gefällt | Mama | gut.

→ Gut | gefällt | Mama | die Kette.

→ Gefällt | Mama | die Kette | gut?

der – schwimmt – im – Fisch – Kreis

→ Der Fisch | schwimmt | im Kreis.

→ Im Kreis | schwimmt | der Fisch.

→ Schwimmt | der Fisch | im Kreis?

heißen – Hassan – mag – Tee

→ Hassan | mag | heißen Tee.

→ Heißen Tee | mag | Hassan.

→ Mag | Hassan | heißen Tee?

© Verlag an der Ruhr | Autorinnen: Kistner/Thanuskody | ISBN 978-3-8346-2971-5 | www.verlagruhr.de

Satzglieder erkennen

Sätze bilden (2/2)

Bilde aus den Wörtern sinnvolle Sätze und schreibe sie auf.
Stelle die Sätze um. Jedes Satzglied soll genau einmal vorn stehen.
Kreise die Satzglieder mit Bleistift ein.

sucht – Brille – Papa – seine – neue

→ Papa | sucht | seine neue Brille.

→ Seine neue Brille | sucht | Papa.

→ Sucht | Papa | seine neue Brille?

bekommt – Geburtstag – ein – zum – Pia – Bett

→ Pia | bekommt | zum Geburtstag | ein Bett.

→ Zum Geburtstag | bekommt | Pia | ein Bett.

→ Ein Bett | bekommt | Pia | zum Geburtstag.

→ Bekommt | Pia | zum Geburtstag | ein Bett?

keinen – Sabine – möchte – Kaffee

→ Sabine | möchte | keinen Kaffee.

→ Keinen Kaffee | möchte | Sabine.

→ Möchte | Sabine | keinen Kaffee?

Tante – kocht – Suppe – Matilda – eine

→ Tante Matilda | kocht | eine Suppe.

→ Eine Suppe | kocht | Tante Matilda.

→ Kocht | Tante Matilda | eine Suppe?

© Verlag an der Ruhr | Autorinnen: Kistner/Thanuskody | ISBN 978-3-8346-2971-5 | www.verlagruhr.de

Lösungen

Satzglieder finden

Kreise in den Sätzen alle Satzglieder mit Bleistift ein.
Du findest sie am besten heraus, wenn du die Sätze im Kopf umstellst.
Denke daran: Jedes Satzglied muss einmal vorn stehen.

(Auf dem Dach)(sitzen)(schwarze Vögel.)

(Letzte Woche)(kam)(Onkel Peter)(zu Besuch.)

(Heiße Nudelsuppe)(esse)(ich)(am liebsten.)

(Im Fußballtraining)(erklärt)(unser Trainer)(die Regeln.)

(Meine große Familie)(feiert)(jedes Jahr)(alle Geburtstage.)

(Die deutsche Flagge)(ist)(schwarz, rot und gold.)

(Im Zoo)(raufen)(die jungen Löwen.)

(Unsere Lehrerin)(hat)(viele bunte Stifte)(im Mäppchen.)

(In der Pause)(esse)(ich)(eine Brezel.)

(Der freche Max)(kritzelt)(mit seinem Bleistift)(auf die Tischplatte.)

(Malen)(wir)(heute)(mit den teuren Ölkreiden von Frau Schmitt?)

(In zwei Jahren)(fliegen)(wir)(ins weit entfernte Kanada.)

(Morgen)(beginnen)(die ersehnten Sommerferien.)

© Verlag an der Ruhr | Autorinnen: Kistner/Thanuskody | ISBN 978-3-8346-2971-5 | www.verlagruhr.de

Satzglieder erkennen

Satzglieder dürfen nicht verändert werden

Beim Umstellen der Sätze musst du eine wichtige Regel beachten:
Satzglieder dürfen nie verändert werden!

Du darfst Wörter nicht vertauschen oder verändern, auch wenn es trotzdem sinnvolle Sätze werden.

Beispiel:

(Max und Mia) (spielen) (Tischtennis).

Du darfst „Max und Mia“ **nicht** vertauschen.
~~Mia und Max spielen Tischtennis.~~

(Der Hund) (frisst) (süße Kekse).

Du darfst „süße Kekse“ **nicht** trennen.
~~Der süße Hund frisst Kekse.~~

Schreibe den gestrichelten Kasten in dein Heft ab.
Kreise in den Sätzen alle Satzglieder mit Bleistift ein.

(Im Sportverein)(spielen)(meine Freunde und ich)(Fußball.)

(Onkel Luis und Tante Margit)(fahren)(übermorgen)(mit mir)(in den Urlaub.)

(Kennst)(du)(das Spiel „Verstecken mit Freischlagen“?)

(Der kleine Fritz)(füttert)(die Katze)(mit köstlicher Salami.)

(Papa)(hämmert)(viele Nägel)(in das neue Gartenhäuschen.)

(Verzweifelt)(sucht)(Carolina)(ihre schwarze Tasche mit dem Autoschlüssel.)

© Verlag an der Ruhr | Autorinnen: Kistner/Thanuskody | ISBN 978-3-8346-2971-5 | www.verlagruhr.de

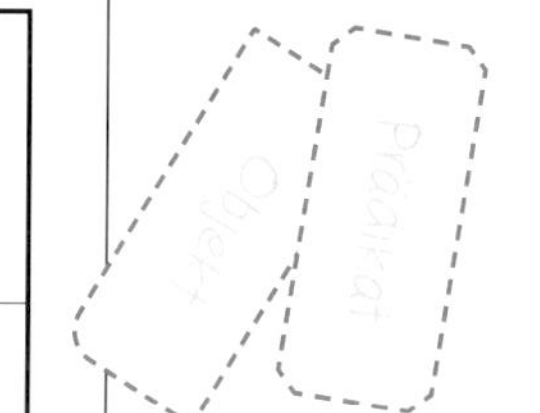

Lösungen

Satzglieder erkennen

Die Umstellprobe - Wiederholung

Die Satzglieder findest du leicht heraus, wenn du die Sätze **umstellst**.
Die Wörter, die immer **beieinander bleiben**, bilden ein **Satzglied**.

Beispiel: Das Bild hängt an der Wand.

(Das Bild) (hängt) (an der Wand).
(An der Wand) (hängt) (das Bild).
(Hängt) (das Bild) (an der Wand)?

Schreibe den gestrichelten Kasten in dein Heft ab.
Stelle die Sätze um. Jedes Satzglied soll genau einmal vorn stehen.
Kreise die Satzglieder mit <u>Bleistift</u> ein.

(Die Kaiserin Sissi)(lebte)(in Wien.)
→ (In Wien)(lebte)(die Kaiserin Sissi.)
→ (Lebte)(die Kaiserin Sissi)(in Wien?)

(Mir)(fehlt)(seit gestern)(ein Zahn.)
→ (Seit gestern)(fehlt)(mir)(ein Zahn.)
→ (Ein Zahn)(fehlt)(mir)(seit gestern.)
→ (Fehlt)(mir)(seit gestern)(ein Zahn?)

(Der Wind)(bläst)(Blätter)(auf das Dach.)
→ (Blätter)(bläst)(der Wind)(auf das Dach.)
→ (Auf das Dach)(bläst)(der Wind)(Blätter.)
→ (Bläst)(der Wind)(Blätter)(auf das Dach?)

© Verlag an der Ruhr | Autorinnen: Kistner/Thanuskody | ISBN 978-3-8346-2971-5 | www.verlagruhr.de

Satzglieder erkennen

Sätze bilden - Wiederholung

Bilde aus den Wörtern sinnvolle Sätze und schreibe sie auf.
Stelle die Sätze um. Jedes Satzglied soll genau einmal vorn stehen.
Kreise die Satzglieder mit <u>Bleistift</u> ein.

Petra – Tasche – Geld – holt – der – aus – ihr
→ (Petra)(holt)(ihr Geld)(aus der Tasche.)
→ (Ihr Geld)(holt)(Petra)(aus der Tasche.)
→ (Aus der Tasche)(holt)(Petra)(ihr Geld.)
→ (Holt)(Petra)(ihr Geld)(aus der Tasche?)

seine – Wald – verlor – Bruder – Uhr – mein – im
→ (Mein Bruder)(verlor)(seine Uhr)(im Wald.)
→ (Seine Uhr)(verlor)(mein Bruder)(im Wald.)
→ (Im Wald)(verlor)(mein Bruder)(seine Uhr.)
→ (Verlor)(mein Bruder)(seine Uhr)(im Wald?)

pünktlich – Kaminkehrer – der – kommt
→ (Der Kaminkehrer)(kommt)(pünktlich.)
→ (Pünktlich)(kommt)(der Kaminkehrer.)
→ (Kommt)(der Kaminkehrer)(pünktlich?)

Hund – meines – gefährliche – der – bellt – Nachbarn
→ (Der gefährliche Hund meines Nachbarn)(bellt.)
→ (Bellt)(der gefährliche Hund meines Nachbarn?)

© Verlag an der Ruhr | Autorinnen: Kistner/Thanuskody | ISBN 978-3-8346-2971-5 | www.verlagruhr.de

Lösungen

Satzglieder erkennen – Satzglieder finden (1/2) – Wiederholung

**Kreise in den Sätzen alle Satzglieder mit Bleistift ein.
Du findest sie am besten heraus, wenn du die Sätze im Kopf umstellst.
Denke daran: Jedes Satzglied muss einmal vorn stehen.**

[Der Schornstein der Fabrik] [qualmt] [seit Tagen] [fürchterlich.]

[Meine Eltern] [besuchen] [Oma Trudi und Opa Jörg] [im Altersheim.]

[In der Deutschstunde] [schreiben] [wir] [heute] [einen schwierigen Aufsatz.]

[Vor der Theateraufführung] [bin] [ich] [sehr aufgeregt.]

[Im Schwimmbad] [wage] [ich] [heute] [einen Kopfsprung vom Dreimeterbrett.]

[Die Holzfarben meiner Schwester] [liegen] [versteckt] [in der Schublade.]

[Im Zoo] [knabbern] [die Pandas] [frische Bambusblätter.]

[Begeistert] [besuchen] [meine Eltern] [das neu eröffnete Museum.]

[Der Regen] [klatscht] [laut] [gegen das Fenster.]

[Die Schnecken] [fressen] [in unserem Garten] [den ganzen Salat.]

[Unter Wasser] [sehe] [ich] [einen außergewöhnlich schönen Fisch.]

[Meine Schwester] [klaut] [Kirschen] [vom Nachbarn.]

[Meine Mutter] [näht] [mir] [ein regenbogenfarbenes Kleid.]

© Verlag an der Ruhr | Autorinnen: Kistner/Thanuskody | ISBN 978-3-8346-2971-5 | www.verlagruhr.de

Satzglieder erkennen – Satzglieder finden (2/2) – Wiederholung

Kreise in den Sätzen alle Satzglieder mit Bleistift ein.

[Martina] [liegt] [mit ihrer warmen Wolldecke] [im Bett.]

[Zu meiner Einschulung] [bekam] [ich] [eine Tüte voller Süßigkeiten.]

[Auf dem Jahrmarkt] [gewinnt] [Franziska] [einen Blumentopf.]

[Unter dem Dach] [brütet] [ein Schwalbenpärchen.]

[Endlich] [funktioniert] [die Heizung] [in unserem neuen Haus.]

[Der Briefträger] [flüchtet] [entsetzt] [vor dem kläffenden Hund.]

[Eine Woche voller Samstage] [wäre] [mir] [am liebsten.]

[Die Spezialität meiner Mutter] [ist] [Erdbeertorte mit Sahne.]

[Zum Ferienbeginn] [gehen] [meine Familie und ich] [ins Freibad.]

[Auf dem Berg] [machen] [wir] [endlich] [eine lange Pause.]

[Viele Tiere] [leben] [auf dem Bauernhof meines Onkels.]

[Alle] [warten] [gespannt] [auf das Ergebnis.]

[Die Trikots der Fußballer] [liegen] [in der Kabine.]

[In der Waldhütte] [sucht] [der Wanderer] [Schutz] [vor dem Gewitter.]

© Verlag an der Ruhr | Autorinnen: Kistner/Thanuskody | ISBN 978-3-8346-2971-5 | www.verlagruhr.de

Lösungen

Subjekt — Das Subjekt - der Satzgegenstand

Jedes Satzglied hat einen Namen. Das erste Satzglied, das du kennenlernst, heißt **„Subjekt“**. Jeder vollständige Satz handelt von einem Gegenstand, einer Sache oder einer Person.
Man nennt dieses Satzglied **„Satzgegenstand“** oder **„Subjekt“**.

Um das Subjekt in einem Satz herauszufinden, fragst du mit der Frage:
„Wer oder was …?“

Beispiele:

(Die Freude) ist groß. — **Wer oder was** ist groß?

(Moritz) geht in die Schule. — **Wer oder was** geht in die Schule?

Schreibe den gestrichelten Kasten in dein Heft ab.
Schreibe die Fragen nach den Subjekten auf.
Kreise die Subjekte in den Sätzen ein.

Beispiel:

(Susanne) schreibt einen Brief.

→ Wer oder was schreibt einen Brief?

(Max) malt ein schönes Bild.

→ Wer oder was malt ein schönes Bild?

(Die Katze) schleckt Milch.

→ Wer oder was schleckt Milch?

Mittags isst (Nikolai) bei Oma.

→ Wer oder was isst mittags bei Oma?

(Das Geheimnis) war groß.

→ Wer oder was war groß?

© Verlag an der Ruhr | Autorinnen: Kistner/Thanuskody | ISBN 978-3-8346-2971-5 | www.verlagruhr.de

Subjekt — Die Frage nach dem Subjekt

Achtung: Wenn du nach dem Subjekt fragst, musst du manchmal das Verb verändern.

Beispiel: Wir klettern auf den Baum.
Wer oder was klettert auf den Baum?

Schreibe den gestrichelten Kasten in dein Heft ab.
Schreibe die Fragen nach den Subjekten auf.
Kreise die Subjekte in den Sätzen ein.

(Meine Geschwister) streiten laut.

→ Wer oder was streitet laut?

(Ich) nehme ein Buch in die Hand.

→ Wer oder was nimmt ein Buch in die Hand?

Den Rekord im Weitsprung halte (ich.)

→ Wer oder was hält den Rekord im Weitsprung?

Voller Vorfreude öffnen (die Kinder) die Tür.

→ Wer oder was öffnet voller Vorfreude die Tür?

Zum Abendessen machen (wir) heute Salat.

→ Wer oder was macht heute Salat zum Abendessen?

(Die Vögel) zwitschern im Käfig.

→ Wer oder was zwitschert im Käfig?

Im Laden kaufen (Isabel und Michaela) Bonbons.

→ Wer oder was kauft Bonbons im Laden?

Nachts brüllen (die Zwillinge.)

→ Wer oder was brüllt nachts?

© Verlag an der Ruhr | Autorinnen: Kistner/Thanuskody | ISBN 978-3-8346-2971-5 | www.verlagruhr.de

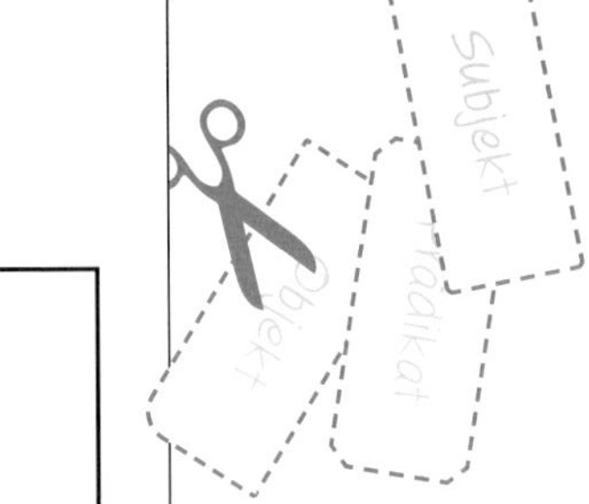

Lösungen

Subjekt-Fragen für Profis

Schreibe die Fragen nach den Subjekten auf.
Kreise die Subjekte in den Sätzen ein.

(Jemand) stiehlt mir immer meine Schokolade.

→ Wer oder was stiehlt mir immer meine Schokolade?

Zum Sportfest kommen (alle Kinder) gern.

→ Wer oder was kommt gern zum Sportfest?

(Es) ist laut.

→ Wer oder was ist laut?

(Der Hase und der Igel) machen einen Wettlauf.

→ Wer oder was macht einen Wettlauf?

Auf der Straße liegen (viele Blätter und Äste.)

→ Wer oder was liegt auf der Straße?

(Die Mitarbeiter der Firma Müller) haben Urlaub.

→ Wer oder was hat Urlaub?

Im Winter laufen (manche) gern Ski.

→ Wer oder was läuft im Winter gern Ski?

© Verlag an der Ruhr | Autorinnen: Kistner/Thanuskody | ISBN 978-3-8346-2971-5 | www.verlagruhr.de

Satzglieder und Subjekte finden

Trenne die Satzglieder ab.
Stelle die Fragen nach den Subjekten und kreise sie ein.

Beispiel:
In meinem Zimmer | sitzt | (ein kleiner Welpe.)

Wer oder was sitzt in meinem Zimmer?

Montags | gehen | (mein Vater und meine Mutter) | in die Stadt.

(Die Handwerker) | reparieren | unser Garagendach.

(Die Farben des Regenbogens) | leuchten | am Himmel.

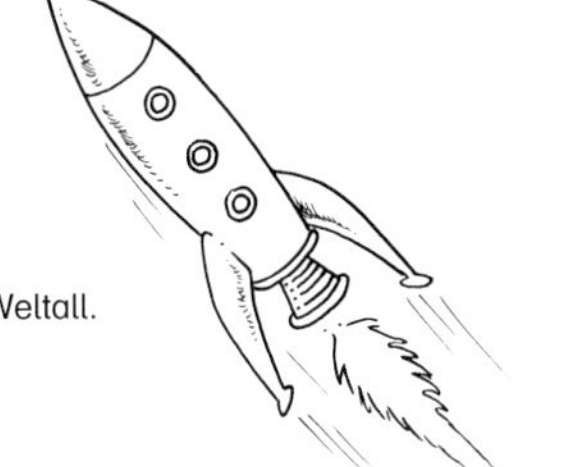

Eine Tasse Tee | trinke | (ich) | zum Frühstück.

(Eine schnelle Rakete) | fliegt | mit Lichtgeschwindigkeit | ins Weltall.

(Herr Mann) | bringt | seine Briefe | zur Post.

Mit dem Taschenrechner | löst | (unser Lehrer) | die Rechenaufgaben.

(Die Kinder) | springen | mit ihren Gummistiefeln | in die Pfützen.

Im Brunnen vor dem Schloss | schwimmt | (eine glückliche Entenfamilie.)

An der Tür | läutet | (es.)

(Das) | ist | keine gute Idee.

© Verlag an der Ruhr | Autorinnen: Kistner/Thanuskody | ISBN 978-3-8346-2971-5 | www.verlagruhr.de

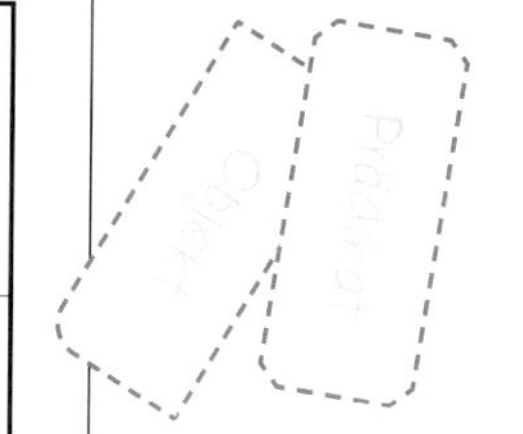

Lösungen

Subjekte finden

Subjekt

Ibrahim hat noch Schwierigkeiten, das ganze Subjekt zu finden. Er hat immer nur einen Teil unterstrichen. Kannst du ihm helfen? Kreise die Subjekte ein.

Die Zebras und die Affen tanzen im Zirkus.

Der kleine Tobias humpelt durch das Haus.

Mit ihrer Lupe liest Oma Resi die Zeitung.

Manchmal verlieren unsere Lehrer fast den Verstand.

Stehen Teller und Tassen schon auf dem Tisch?

Im Aufzug sprechen Frau Maier und Frau Öztürk über ihre Kinder.

Nachmittags gehen viele Mütter mit ihren Kindern auf den Spielplatz.

Die Jacke meines Bruders hat ein großes Loch.

Die lustigen Clowns und ihre Hunde toben durch die Arena.

Die zuverlässigen Krankenschwestern umsorgen ihre Patienten.

Plötzlich streiten die Spieler und die Trainer um das letzte Tor.

Die Fensterläden und das Garagentor klappern im Wind.

© Verlag an der Ruhr | Autorinnen: Kistner/Thanuskody | ISBN 978-3-8346-2971-5 | www.verlagruhr.de

Die Frage nach dem Subjekt - Wiederholung

Subjekt

Jedes Satzglied hat einen Namen. Das erste Satzglied, das du kennengelernt hast, heißt **„Subjekt“**.

Um das Subjekt in einem Satz herauszufinden, fragst du: **„Wer oder was …?“**

Schreibe den gestrichelten Kasten in dein Heft ab. Schreibe die Fragen nach den Subjekten auf. Kreise die Subjekte in den Sätzen ein.

Beispiel:
Im Regal stehen viele Bücher.
→ Wer oder was steht im Regal?

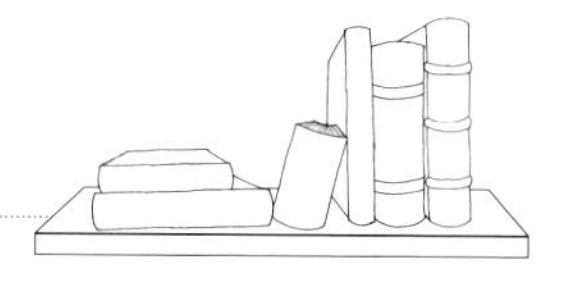

Der kleine Hund wedelt mit dem Schwanz.
→ Wer oder was wedelt mit dem Schwanz?

Seinen Namen krächzt der Papagei.
→ Wer oder was krächzt seinen Namen?

Gestern Abend fand Oma Lissi eine eklige Kröte im Keller.
→ Wer oder was fand gestern Abend eine eklige Kröte im Keller?

Die Fliegenklatsche liegt unter dem Sofa.
→ Wer oder was liegt unter dem Sofa?

Das Spiel kostet 20 Euro.
→ Wer oder was kostet 20 Euro?

Die Behauptung ist falsch.
→ Wer oder was ist falsch?

© Verlag an der Ruhr | Autorinnen: Kistner/Thanuskody | ISBN 978-3-8346-2971-5 | www.verlagruhr.de

Lösungen

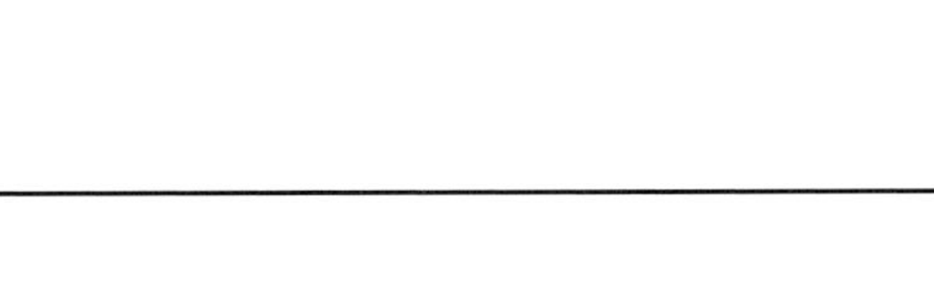

Subjekt-Fragen für Profis – Wiederholung

Subjekt

**Schreibe die Fragen nach den Subjekten auf.
Kreise die Subjekte in den Sätzen ein.**

Der Leiter des Kaufhauses schreibt einen Brief.
→ Wer oder was schreibt einen Brief?

Viele essen gern Eis.
→ Wer oder was isst gern Eis?

Sind die Bücher der Bücherei gut sortiert?
→ Wer oder was ist gut sortiert?

Es ist sehr warm.
→ Wer oder was ist sehr warm?

Katrin und ihre Schwestern kaufen Schokolade für Opa Herbert.
→ Wer oder was kauft Schokolade für Opa Herbert?

Das Ladegerät des Handys ist verschwunden.
→ Wer oder was ist verschwunden?

Im Mathebuch sind viele Tabellen abgebildet.
→ Wer oder was ist im Mathebuch abgebildet?

Das war sehr aufregend.
→ Wer oder was war sehr aufregend?

Belustigt beobachten Ayla und Karim die spielenden Kinder.
→ Wer oder was beobachtet belustigt die spielenden Kinder?

© Verlag an der Ruhr | Autorinnen: Kistner/Thanuskody | ISBN 978-3-8346-2971-5 | www.verlagruhr.de

Subjekte finden – Wiederholung

Subjekt

**Trenne die Satzglieder ab.
Stelle die Fragen nach den Subjekten und kreise sie ein.**

Beispiel:
Im Koffer | liegt | mein T-Shirt.

Wer oder was liegt im Koffer?

Gläser und Teller | stehen | im Schrank.

Die Hose meines Bruders | ist | voller Grasflecken.

Schneit | es | heute Nacht?

Aufgeregt | erzählen | Josef und Antonia | von ihrem Ausflug.

Niemand | findet | das versteckte Gold.

Hannes und Marietta | feiern | heute | Hochzeit.

Im Herbst | erntet | Bauer Jakob | Äpfel und Birnen.

Ihm | glaubt | keiner.

Das Glück | war | auf seiner Seite.

Die Verantwortung für die Pausenspiele | ist | groß.

Flog | der Computer | aus dem Fenster?

Schnell | rannte | er | von der Wiese.

Für die Hotelgäste | bezieht | das Zimmermädchen | die Betten.

Das Ergebnis | machte | alle | sehr glücklich.

© Verlag an der Ruhr | Autorinnen: Kistner/Thanuskody | ISBN 978-3-8346-2971-5 | www.verlagruhr.de

Lösungen

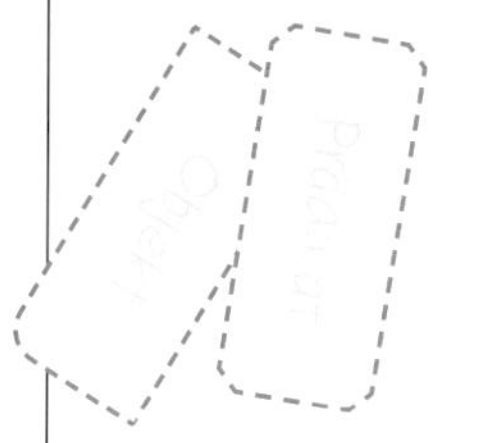

Das Prädikat - die Satzaussage

Prädikat

Das zweite Satzglied, das du kennenlernst, heißt **„Prädikat"**.
Das Prädikat ist immer ein **Verb**!
Dieses Satzglied steht im **Aussagesatz** immer an **zweiter** Stelle.
Durch das Prädikat erfährt man, was ist, was geschieht, was jemand tut.
Man kann daher nach dem Prädikat mit **„Was ist?"**, **„Was geschieht?"** oder **„Was tut jemand?"** fragen.

Cho **(schläft)** auf dem Sofa.

Alexandra **(sitzt)** in der Schule.

In **Frage- und Aufforderungssätzen** steht das Prädikat an **erster** Stelle:

(Gehen) wir heute ins Kino?

(Lies) die Anweisung genau!

Schreibe den gestrichelten Kasten in dein Heft ab.
Kreise in den Sätzen die Prädikate ein.
Tipp: Das Prädikat ist immer ein Verb!

Durstig (trinkt) Melanie einen Eistee.

Im Museum (bewundern) die Schüler die Kunstwerke.

(Kaufen) wir noch Gemüse?

Auf der Speisekarte (stehen) köstliche Gerichte.

In der großen Pause (tobten) die Kinder auf dem Spielplatz.

Manchmal (träume) ich von karierten Elefanten.

Im Unterricht (lernen) wir ein Gedicht.

Ich (spiele) Klavier.

(Hol) mir das Buch!

© Verlag an der Ruhr | Autorinnen: Kistner/Thonuskody | ISBN 978-3-8346-2971-5 | www.verlagruhr.de

Prädikate finden

Prädikat

Kreise in den Sätzen die Prädikate ein.
Tipp: Das Prädikat ist immer ein Verb!

(Spielen) wir heute Völkerball?

Morgen (fahren) wir in den Urlaub.

Brief und Briefumschlag (findest) du in der rechten Schublade.

(Komm) bitte schnell zum Telefon!

Niemand (kannte) den Weg zur Brücke.

Xaver (mag) gern Himbeermarmelade von Mama.

Im Frühling (blühen) rote Tulpen am Straßenrand.

(Sticken) wir nächste Woche einen Vogel?

(Geh) an die Tür!

Im Wasserwerk (liefen) die Pumpen die ganze Nacht.

In Italien (presst) man gutes Olivenöl.

Paul (schleppt) für Oma die Saftkiste in den Keller.

Am Strand (bauten) Tim und Mia eine riesengroße Sandburg.

(Hol) mir bitte ein Glas Wasser!

Der Lehrer (diktiert) uns gleich die Übungswörter.

Horst (ergänzt) seine Eisenbahn durch einen weiteren Waggon.

Auf der Waschmaschine (schlummert) das Kätzchen.

© Verlag an der Ruhr | Autorinnen: Kistner/Thonuskody | ISBN 978-3-8346-2971-5 | www.verlagruhr.de

Lösungen

Prädikat – Schwierige Prädikate

Es gibt zwei Verben, die sehr schwer zu erkennen sind. Sie heißen **„haben“** und **„sein“**.
Du bekommst sie durch die Frage „Was tut?“ oder „Was geschieht?“ nicht heraus. Deshalb musst du sie dir gut merken.

Infinitiv: sein

Präsens	Präteritum
ich bin	ich war
du bist	du warst
er ist	er war
wir sind	wir waren
ihr seid	ihr wart
sie sind	sie waren

Infinitiv: haben

Präsens	Präteritum
ich habe	ich hatte
du hast	du hattest
sie hat	sie hatte
wir haben	wir hatten
ihr habt	ihr hattet
sie haben	sie hatten

Schreibe den gestrichelten Kasten in dein Heft ab. Kreise in den Sätzen die Prädikate ein.

Ich **habe** großen Hunger.

Bist du nachher zu Hause?

Luca **hatte** einen schrecklichen Albtraum.

Sie **waren** im vergangenen Jahr zweimal in Kroatien.

Da **hattet** ihr aber Glück.

Ihr **ist** furchtbar schlecht.

Franz und Tillmann **sind** im Schwimmbad.

Jonathan **hat** eine neue Jacke.

Prädikat – Prädikate gesucht

In den Sätzen fehlen immer die Prädikate, dadurch sind die Sätze unvollständig. Setze passende Prädikate, wie im Beispiel, ein und schreibe die vollständigen Sätze in dein Heft.

Beispiel: In zehn Minuten *fahre* ich mit dem Fahrrad zur Schule.

Diana *isst* ein Bananenbrot zum Frühstück.

Im Radio *hören/spielen* sie die neuesten Lieder.

Morgens *wäscht* Rebecca zuerst ihr Gesicht.

Das Wettrennen *ist* sehr spannend.

Mama *backt* einen Kuchen für meinen Geburtstag.

Im Winter *ist* es kalt.

Ben und Mara *tanzen* einen Walzer.

Kristina *packt* ihren Koffer für eine lange Reise nach Indien.

Die Klasse *schreibt* ein langes Diktat über Tiere.

Ich *bin* sehr durstig.

Oma *gießt* die Blumen auf dem Balkon jeden Abend.

Nach einem zehnstündigen Flug *landet* das Flugzeug endlich.

Lösungen

Die Frage nach dem Prädikat

Prädikat

- Wiederholung

Das zweite Satzglied, das du kennengelernt hast, heißt **„Prädikat“**.
Das Prädikat ist immer ein **Verb**!
Du fragst nach dem Prädikat mit **„Was ist?“**, **„Was geschieht?“** oder **„Was tut jemand?“**.
Dieses Satzglied steht im **Aussagesatz** immer an **zweiter** Stelle.
In **Frage- und Aufforderungssätzen** steht das Prädikat an **erster** Stelle:

Wir **lesen** ein Buch.

Kochen wir Spaghetti?

Lies genau!

**Schreibe den gestrichelten Kasten in dein Heft ab.
Kreise in den Sätzen die Prädikate ein.**

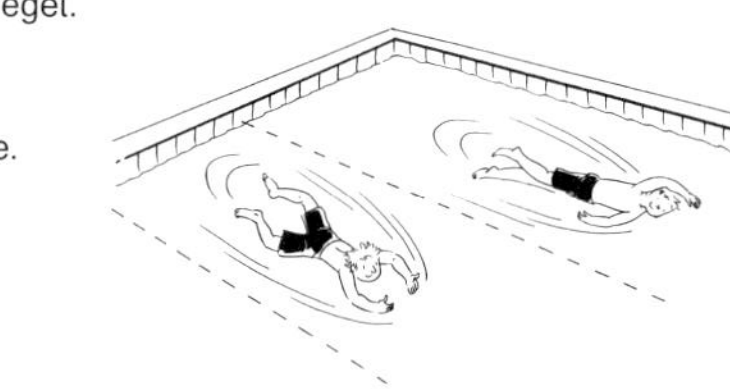

Morgens putze ich mir die Zähne.

Lukas fand eine Schatzkarte in einer alten Truhe.

Das Handy klingelt im Kino.

Holst du bitte das Mehl aus dem Schrank?

Die Eishockeyfans jubelten über das Tor ihrer Mannschaft.

Die Tomaten schmecken heute besonders gut.

Gib mir mein Heft!

In der Waschanlage reinigt die Bürste die Felgen.

Auf dem Dach sitzen drei Spatzen.

Durch das Fenster beobachte ich streitende Nachbarn.

Miri und Alex laufen durch die Stadt zur Turnhalle.

© Verlag an der Ruhr | Autorinnen: Kistner/Thanuskody | ISBN 978-3-8346-2971-5 | www.verlagruhr.de

Prädikatsklammern finden

Prädikat

**Kreise in den Sätzen die Prädikate ein.
Tipp: Denke an die Prädikatsklammer!**

Meine Tante Tina holt mich vom Training ab.

Hinter der Tür wartet mein Bruder.

In einem Monat zieht meine Familie um.

Maria und Karl sind gestern Großeltern geworden.

Auf dem Schreibtisch liegen viele Blätter herum.

In der Garage stehen noch die Sprudelkisten.

Die Wolken ziehen schnell vorüber.

Nächstes Jahr werdet ihr mich in England besuchen.

Die Schüler haben das Theaterstück fleißig einstudiert.

Sebastian kämmt seine Haare vor dem Spiegel.

Niklas und Anton schwimmen um die Wette.

Joschua fällt einfach keine Lösung ein.

Sind wir endlich angekommen?

© Verlag an der Ruhr | Autorinnen: Kistner/Thanuskody | ISBN 978-3-8346-2971-5 | www.verlagruhr.de

Lösungen

Prädikat – Prädikate und Prädikatsklammern finden

Trenne die Satzglieder ab.
Stelle die Fragen nach den Prädikaten und kreise sie ein.
Zeichne auch die Prädikatsklammern ein.

Beispiel:
Der Arzt | (hat) | meine Tante gründlich (untersucht).

Was hat der Arzt getan?

Im Badezimmer | (hat) | mein Bruder | eine Überschwemmung | (verursacht).

(Bring) | bitte | den Müll | (hinunter!)

Wir | (werden) | Papa | zum Geburtstag | eine Uhr | (schenken).

Ich | (hole) | mir | schnell | ein Brötchen.

Lina | (hat) | einen fantasiereichen Aufsatz | (geschrieben).

Das Nudelwasser | (ist) | plötzlich | (übergekocht).

(Machst) | du | bitte | dein Bett?

Im Kinderzimmer | (sieht) | es | sehr unordentlich | (aus).

Die Glühbirne | (ist) | letzte Nacht | (durchgebrannt).

Leonie | (trinkt) | ihr Glas mit Milch | (aus).

Oma | (hat) | in der Waschmaschine | die Wäsche | (vergessen).

Mir | (ist) | mein Schulranzen | (heruntergefallen).

Manchmal | (nervt) | das Babygeschrei | bei den Nachbarn.

© Verlag an der Ruhr | Autorinnen: Kistner/Thanuskody | ISBN 978-3-8346-2971-5 | www.verlagruhr.de

Akkusativ-Objekt – Das Akkusativ-Objekt

Das dritte Satzglied, das du kennenlernst, heißt **„Akkusativ-Objekt“**.
Nach dem Akkusativ-Objekt fragt man mit der Frage: **„Wen oder was …?“**

Beispiel:

Katja besucht heute (**ihre Freundin**).

Wen oder was besucht Katja?

Schreibe den gestrichelten Kasten in dein Heft ab.
Schreibe die Fragen nach den Akkusativ-Objekten auf.
Kreise die Akkusativ-Objekte in den Sätzen ein.

Beispiel:
Susanne schreibt (einen Brief).

→ Wen oder was schreibt Susanne?

In den Ferien besuche ich (Brigitte).

→ Wen oder was besuche ich in den Ferien?

Im Kühlschrank sucht Jakob (einen Erdbeerjoghurt).

→ Wen oder was sucht Jakob im Kühlschrank?

Die Eltern haben (ihre Kinder) reich beschenkt.

→ Wen oder was haben die Eltern reich beschenkt?

Mama holt (meine kleine Schwester) aus dem Kindergarten ab.

→ Wen oder was holt Mama aus dem Kindergarten ab?

Jojo leiht mir (sein Buch).

→ Wen oder was leiht mir Jojo?

© Verlag an der Ruhr | Autorinnen: Kistner/Thanuskody | ISBN 978-3-8346-2971-5 | www.verlagruhr.de

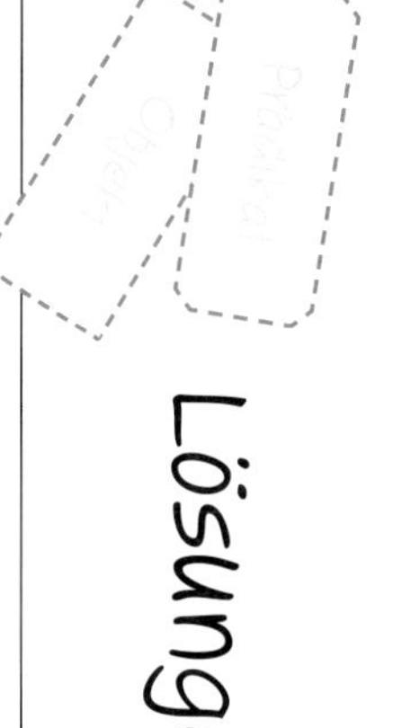

Lösungen

Die Frage nach dem Akkusativ-Objekt

Akkusativ-Objekt

Schreibe die Fragen nach den Akkusativ-Objekten auf. **Kreise die Akkusativ-Objekte ein.**

Der Hund frisst [sein Futter.]
→ Wen oder was frisst der Hund?

[Lasagne] gibt es heute bei Familie Göncü.
→ Wen oder was gibt es heute bei Familie Göncü?

Zum Geburtstag wünscht sich Fred [ein neues Fahrrad.]
→ Wen oder was wünscht sich Fred zum Geburtstag?

Der Polizist hält [den Fahrradfahrer] an.
→ Wen oder was hält der Polizist an?

Anni bekommt [einen Brief] von Boris.
→ Wen oder was bekommt Anni von Boris?

Ludger will [Gabi] anrufen.
→ Wen oder was will Ludger anrufen?

Manfred vergisst [seine Hausaufgaben] im Bus.
→ Wen oder was vergisst Manfred im Bus?

Im Restaurant trifft Regina [ihre Freundin.]
→ Wen oder was trifft Regina im Restaurant?

Abends liest Olaf gern [die Zeitung.]
→ Wen oder was liest Olaf abends gern?

© Verlag an der Ruhr | Autorinnen: Kistner/Thonuskody | ISBN 978-3-8346-2971-5 | www.verlagruhr.de

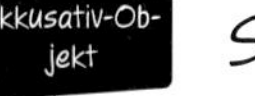

Sätze mit Akkusativ-Objekten bilden

Akkusativ-Objekt

Bilde aus den Wörtern sinnvolle Sätze und schreibe sie auf. **Kreise die Akkusativ-Objekte ein.**

MP3-Player – auf – hört – Walther – seinem – coolsten – die – Lieder
→ Auf seinem MP3-Player hört Walther [die coolsten Lieder.]

bestellt – Arzt – neue – und – der – Pflaster – Verbände
→ Der Arzt bestellt [neue Pflaster und Verbände.]

Cowboy – trifft – Indianerfreund – seinen – der – Prärie – der – in
→ Der Cowboy trifft [seinen Indianerfreund] in der Prärie.

der – frisst – Hai – Fahrrad – versehentlich – ein
→ Der Hai frisst versehentlich [ein Fahrrad.]

Herrn – mag – bei – Sportunterricht – Wunz – Maja
→ Maja mag [Sportunterricht] bei Herrn Wunz.

Ronja – Geschichte – ihrem – liest – Bruder – vor – Marco – eine
→ Ronja liest ihrem Bruder Marco [eine Geschichte] vor.

Hugo – Ball – verschenkt – seinen – an – einen – besten – Freund
→ Hugo verschenkt [einen Ball] an seinen besten Freund.

Luise – und – zeigen – Diktat – Schwester – Mama – das – ihre
→ Luise und ihre Schwester zeigen Mama [das Diktat.]

der – Hausmeister – Hilfe – um – den – bittet – Schulleiter
→ Der Schulleiter bittet [den Hausmeister] um Hilfe.

© Verlag an der Ruhr | Autorinnen: Kistner/Thonuskody | ISBN 978-3-8346-2971-5 | www.verlagruhr.de

Lösungen

Akkusativ-Objekt

Akkusativ-Objekte finden

Trenne die Satzglieder ab.
Stelle die Fragen nach den Akkusativ-Objekten und kreise sie ein.

Beispiel:

Der Arzt | hat | meine Tante | gründlich | untersucht.

Ricardo | findet | Kennys Buch | nicht mehr.

Die Katze | sieht | die Vögel | auf dem Baum.

Auf dem Bauernhof | verfolgten | die Küken | die Henne.

Seit gestern | suche | ich | verzweifelt | meine Schere.

Am Flughafen | muss | ich | einen Mietwagen | leihen.

Der Verkäufer | zeichnet | die Waren | aus.

Morgen | hängt | Papa | das Bild | an die Wand.

Meine Mama | legt | meine frisch gewaschenen Kleider | in den Schrank.

Frau Jielge | fragte | den Bäcker | nach dem Preis der Brote.

Ihre Eier | verstecken | die Hühner | im Stroh.

Isst | du | heute | Popcorn | im Kino?

In den Waben | sammeln | die Bienen | ihren köstlichen Honig.

Die Elster | klaut | den Ring meines Vaters | vom Liegestuhl.

Vanilleeis | essen | alle Kinder | sehr gern.

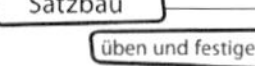

© Verlag an der Ruhr | Autorinnen: Kistner/Thanuskody | ISBN 978-3-8346-2971-5 | www.verlagruhr.de

Dativ-Objekt

Das Dativ-Objekt

Das vierte Satzglied, das du kennenlernst, heißt **„Dativ-Objekt"**.
Nach dem Dativ-Objekt fragt man mit der Frage: „Wem ...?"

Beispiel:

Ich gebe meiner Mama einen Kuss.

Wem gebe ich einen Kuss?

Schreibe den gestrichelten Kasten in dein Heft ab.
Schreibe die Fragen nach den Dativ-Objekten auf.
Kreise die Dativ-Objekte in den Sätzen ein.

Beispiel:
Susanne schreibt mir einen Brief.

→ Wem schreibt Susanne einen Brief?

Die Maus stibitzt dem Eichhörnchen Nüsse.

→ Wem stibitzt die Maus Nüsse?

Morgens gibt Franzi ihrem Wellensittich Körner.

→ Wem gibt Franzi morgens Körner?

Das blaue Handy gehört ihm.

→ Wem gehört das blaue Handy?

Herr Krumpein erklärt seinen Schülern die Turnübung.

→ Wem erklärt Herr Krumpein die Turnübung?

Zur Hochzeit schenken die Gäste dem Paar eine Reise.

→ Wem schenken die Gäste zur Hochzeit eine Reise?

Der Dieb stiehlt dem Ladenbesitzer die Tageseinnahmen.

→ Wem stiehlt der Dieb die Tageseinnahmen?

© Verlag an der Ruhr | Autorinnen: Kistner/Thanuskody | ISBN 978-3-8346-2971-5 | www.verlagruhr.de

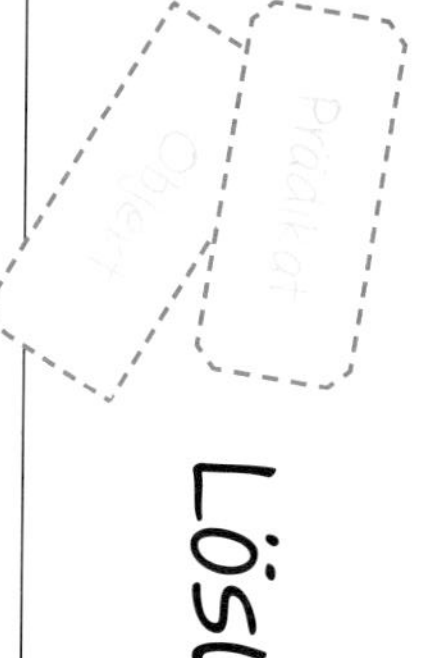

Lösungen

Die Frage nach dem Dativ-Objekt

Dativ-Objekt

**Schreibe die Fragen nach den Dativ-Objekten auf.
Kreise die Dativ-Objekte in den Sätzen ein.**

Oma reicht **mir** ein Glas mit Orangensaft.

→ Wem reicht Oma ein Glas mit Orangensaft?

Gestern nahm der kleine Rolf **Martin** das Auto weg.

→ Wem nahm der kleine Rolf gestern das Auto weg?

Der Postbote bringt **dem aufgeregten Kind** ein Paket.

→ Wem bringt der Postbote ein Paket?

Einen Karottenbrei kocht die Mutter **dem Baby.**

→ Wem kocht die Mutter einen Karottenbrei?

Lisa malt **Oma Lotte** ein schönes Bild.

→ Wem malt Lisa ein schönes Bild?

Morgen wird Krissi **ihrem Hamster** ein neues Rad kaufen.

→ Wem wird Krissi morgen ein neues Rad kaufen?

Karl vertraut **seinem Freund** blind.

→ Wem vertraut Karl blind?

Dem abfahrenden Zug winkt die Familie hinterher.

→ Wem winkt die Familie hinterher?

Er war **ihm** dankbar.

→ Wem war er dankbar?

© Verlag an der Ruhr | Autorinnen: Kistner/Thanuskody | ISBN 978-3-8346-2971-5 | www.verlagruhr.de

Sätze mit Dativ-Objekten bilden

Dativ-Objekt

**Bilde aus den Wörtern sinnvolle Sätze und schreibe sie auf.
Kreise die Dativ-Objekte ein.**

Frau – über – hilft – der – Straße – die – alten – Gaby

→ Gaby hilft **der alten Frau** über die Straße.

Hotel – Familie – gefällt – das – außergewöhnlich – der – gut

→ Das Hotel gefällt **der Familie** außergewöhnlich gut.

Herbert – ein – Onkel – baut – Spielhaus – Ole

→ Onkel Herbert baut **Ole** ein Spielhaus.

Hinweis – Kind – einen – gibt – einem – Norbert

→ Norbert gibt **einem Kind** einen Hinweis.

Rezept – Arzthelferin – die – dem – Patienten – gibt – ein

→ Die Arzthelferin gibt **dem Patienten** ein Rezept.

Tüte – eine – Popcorn – kauft – Kino – im – Maren – ihm

→ Maren kauft **ihm** im Kino eine Tüte Popcorn.

Vorfahrt – dem – Rollerfahrer – nimmt – die – Auto – das

→ Das Auto nimmt **dem Rollerfahrer** die Vorfahrt.

© Verlag an der Ruhr | Autorinnen: Kistner/Thanuskody | ISBN 978-3-8346-2971-5 | www.verlagruhr.de

Lösungen

Dativ-Objekte finden

Trenne die Satzglieder ab.
Stelle die Fragen nach den Dativ-Objekten und kreise sie ein.

Beispiel:
Die Henne | sucht | ihrem Küken | Würmer | im Boden.

Gestern Abend | gefiel | der Kinofilm | Hannah und Anneke.

Anjas Hund | leckt | mir | über das Gesicht.

Der zerfallene Schuppen | gehört | niemandem.

Plötzlich | fiel | dem Maler | der Farbeimer | auf den Kopf.

Der Verkäufer | präsentiert | dem Mann | einen schicken Mantel.

Den Ball | wirft | der Torwart | dem Zuschauer | zu.

Aus dem Urlaub | schreibt | meine Schwester | mir | eine Postkarte.

Gibst | du | mir | ein Stück Torte?

Abends | schmiert | Emil | seiner Frau | ein Käsebrot.

In Andalusien | zeigen | sie | uns | eine wunderbare Sehenswürdigkeit.

Herzlich | gratuliert | der Bürgermeister | seiner Sekretärin | zum Jubiläum.

Am Telefon | berichtet | er | seinem Onkel | von den Ferien.

Ich | sehe | den Elefanten | beim Fressen | zu.

Manuel | stellt | dem Lehrer | eine Frage.

© Verlag an der Ruhr | Autorinnen: Kistner/Thanuskody | ISBN 978-3-8346-2971-5 | www.verlagruhr.de

Die adverbiale Bestimmung des Ortes

Das fünfte Satzglied, das du kennenlernst, heißt **„adverbiale Bestimmung des Ortes"**.
Satzglieder, nach denen man mit **„Wo?"**, **„Wohin?"** oder **„Woher?"** fragen kann, sagen etwas über den Ort aus.

Beispiel:

Die Kinder gehen **in den Park**.

Wohin gehen die Kinder?

Schreibe den gestrichelten Kasten in dein Heft ab.
Finde die passenden Fragen nach den adverbialen Bestimmungen des Ortes (Wo? Wohin? Woher?).
Kreise die adverbialen Bestimmungen des Ortes in den Sätzen ein.

Beispiel:

Aus dem Schulranzen zieht Maxi sein Lineal.

→ Woher zieht Maxi sein Lineal?

Die Katze sitzt auf dem Baum.

→ Wo sitzt die Katze?

In den Sommerferien fährt meine Familie nach Italien.

→ Wohin fährt meine Familie in den Sommerferien?

Heute werde ich Maren auf dem Sportfest treffen.

→ Wo werde ich Maren heute treffen?

Der Hund schnappt die Wurst aus der Hand.

→ Woher schnappt der Hund die Wurst?

In der Schublade findest du die Ersatzpatronen.

→ Wo findest du die Ersatzpatronen?

© Verlag an der Ruhr | Autorinnen: Kistner/Thanuskody | ISBN 978-3-8346-2971-5 | www.verlagruhr.de

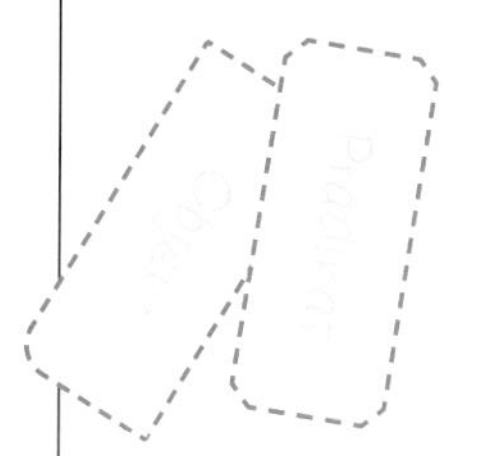

Lösungen

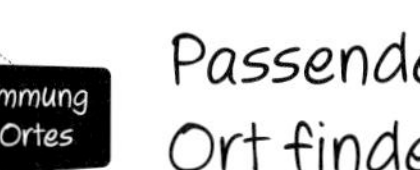

Passende Fragen nach dem Ort finden

Bestimmung des Ortes

Stelle die Fragen nach den adverbialen Bestimmungen des Ortes und schreibe die Zahlen 1, 2 oder 3 in den Kreis.

Wo? (1)

Woher? (2)

Wohin? (3)

Am liebsten esse ich Eis in Giovannis Eisdiele. (1)

Aus der Küche rieche ich einen komischen Gestank. (2)

Die besten Nudeln kommen aus Italien. (2)

In der Turnhalle ist Julias Sporttasche verschwunden. (1)

Die Klasse 4a geht heute ins Museum. (3)

Unter dem Sofa liegt eine Socke. (1)

Gleich gehen wir in den Musiksaal. (3)

Viele Schmetterlinge sitzen auf unserem Fliederstrauch. (1)

Johannes bringt das Wasser in den Keller. (3)

Erschöpft setzen sich die Wanderer auf die Bank. (3)

Unter unserer Terrasse versteckt sich ein Igel. (1)

Heimlich bastelt Urs auf dem Dachboden eine Überraschung für Mama. (1)

Eine Fliege zappelt im Spinnennetz. (1)

In der Suppe waren viele Gemüsestückchen. (1)

Räume die Joghurts bitte in den Kühlschrank! (3)

Meine Brieffreundin kommt aus London. (2)

Im Winter fliegen viele Vögel in den Süden. (3)

Der Fuchs rennt in seinen Bau. (3)

Aus Afrika kommen die neuen Nilpferde des Zoos. (2)

© Verlag an der Ruhr | Autorinnen: Kistner/Thanuskody | ISBN 978-3-8346-2971-5 | www.verlagruhr.de

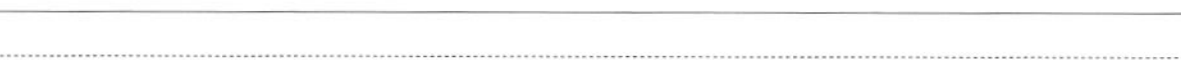

Die adverbiale Bestimmung der Zeit

Bestimmung der Zeit

Das sechste Satzglied, das du kennenlernst, heißt **„adverbiale Bestimmung der Zeit"**. Satzglieder, nach denen man mit **„Wann?"**, **„Seit wann?"**, **„Wie lange?"** oder **„Bis wann?"** fragen kann, sagen etwas über die Zeit aus.

Beispiel:

(Samstags) gehen wir einkaufen.

Wann gehen wir einkaufen?

Schreibe den gestrichelten Kasten in dein Heft ab.
Finde die passenden Fragen nach den adverbialen Bestimmungen der Zeit (Wann? Seit wann? Wie lange? Bis wann?).
Kreise die adverbialen Bestimmungen der Zeit in den Sätzen ein.

Beispiel:

(Seit Tagen) warte ich auf einen wichtigen Brief.

→ Seit wann warte ich auf einen wichtigen Brief?

Die Hausaufgaben müssen (bis übermorgen) erledigt sein.

→ Bis wann müssen die Hausaufgaben erledigt sein?

(Zwei Wochen) lang ist Julia im Urlaub.

→ Wie lange ist Julia im Urlaub?

(Um 14:40 Uhr) beginnt meine Klavierstunde.

→ Wann beginnt meine Klavierstunde?

Christian und Marvin treffen sich (jeden Morgen) beim Bäcker.

→ Wann treffen sich Christian und Marvin beim Bäcker?

Svenja und Pit spielen (fünf Stunden) lang ein Kartenspiel.

→ Wie lange spielen Svenja und Pit ein Kartenspiel?

© Verlag an der Ruhr | Autorinnen: Kistner/Thanuskody | ISBN 978-3-8346-2971-5 | www.verlagruhr.de

Lösungen

Passende Fragen nach der Zeit finden

Stelle die Fragen nach den adverbialen Bestimmungen der Zeit und schreibe die Zahlen 1, 2, 3 oder 4 in den Kreis.

Wann? (1) – Seit wann? (2) – Wie lange? (3) – Bis wann? (4)

Margot spielt schon seit fünf Jahren Saxofon. (2)
Diesen Monat noch bekommt mein Kaninchen Junge. (1)
Für das Stickbild haben wir drei Stunden Zeit. (3)
Du musst bis 18 Uhr zu Hause sein. (4)
In fünf Minuten ist endlich große Pause. (1)
Erschrocken wache ich um Mitternacht aus einem Albtraum auf. (1)
In der Wohnung bleiben wir noch bis November. (4)
Wir müssen noch zehn Minuten auf den Zug warten. (3)
Benni ist schon seit fünf Jahren mein bester Freund. (2)
Ich hatte bis gestern starke Zahnschmerzen. (4)
Meine Oma lebt seit drei Monaten im Altersheim. (2)
Die Fahrt nach Südtirol hat unendlich lang gedauert. (3)
Zwischen 19 und 20 Uhr muss Holger schlafen gehen. (1)
Die Drittklässler müssen 15 Minuten lesen. (3)
Seit Jahren spare ich auf mein neues Fahrrad. (2)
Die schmackhaftesten Erdbeeren erntet man im Sommer. (1)
Die Familie ist bis übermorgen auf Besuch in Berlin. (4)
Schon seit einer Woche freuen sich die zwei Kinder auf den Besuch ihrer Oma. (2)

Subjekt und Prädikat - Lösungswort finden

Wie heißt das unterstrichene Satzglied? Kreuze an (Subjekt = S, Prädikat = P). Die angekreuzten Buchstaben ergeben von oben nach unten gelesen ein Lösungswort.

Satz		
Die Hühner tanzen auf der Stange.	☒ S → Ü	☐ P → W
Den Pinguinen wirft der Wärter Fische ins Wasser.	☒ S → B	☐ P → A
Laut brüllt der Löwe.	☒ S → E	☐ P → A
Gestern bekam die Elefantendame ein Junges.	☐ S → K	☒ P → R
Die Federn der Papageien schimmern bunt in der Sonne.	☒ S → R	☐ P → M
Auf dem Rücken trägt die Affenmama ihr Baby.	☐ S → E	☒ P → A
In zwei Minuten ist die Fütterung der Tiger.	☐ S → H	☒ P → S
Die Zebras galoppieren über das Gelände.	☒ S → C	☐ P → K
Sanft fressen die Ziegen den Kindern aus der Hand.	☐ S → K	☒ P → H
Begeistert klatschen die Seelöwen mit ihren Flossen.	☒ S → U	☐ P → P
Das Lama schielt ein wenig.	☐ S → R	☒ P → N

Ü B E R R A S C H U N G

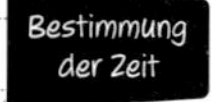

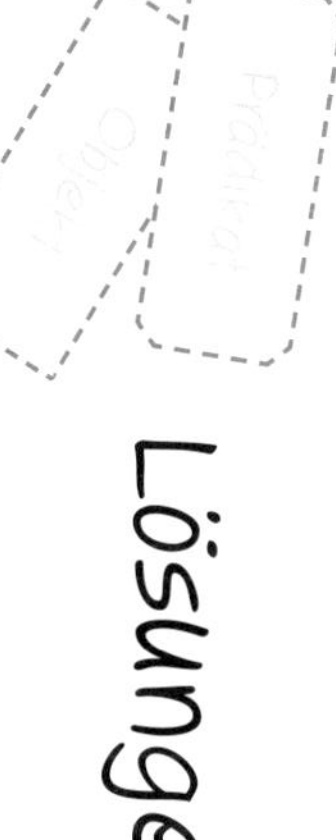

Lösungen

Gemischte Übungen

Subjekt und Prädikat unterscheiden

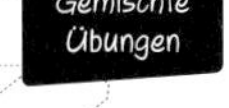

Trenne die Satzglieder ab.
Stelle die Fragen nach den Prädikaten und kreise sie ein.
Stelle die Fragen nach den Subjekten und unterstreiche sie.

Beispiel:

Christian | verreist | mit seiner Familie | nach Norwegen.

Morgen | wandern | wir | über den nächsten Berg.

Siehst | du | mich?

Der Frisör | schneidet | seinem Kunden | die Haare.

Manuel und Franz | hatten | einen schrecklichen Streit.

In einer Woche | bekommt | Leo | einen Roller.

Findest | du | den Film | spannend?

In der Tüte | liegen | Unmengen alter Flaschen.

Laura und Marie | spielten | Verstecken | mit vielen anderen Kindern.

Bei der Chorprobe | fehlen | einige Sänger.

Gerti | sucht | das Heft mit dem roten Umschlag

Das Licht des Leuchtturmes | strahlte | hell | in der Nacht.

In meinem Kalender | fehlen | der Mai und der Juni.

Für meine Ordner | brauche | ich | neue Etiketten.

Zu meiner Geburtstagsparty | kommen | alle Freunde und Verwandten.

© Verlag an der Ruhr | Autorinnen: Kistner/Thanuskody | ISBN 978-3-8346-2971-5 | www.verlagruhr.de

Gemischte Übungen

Merksätze ergänzen

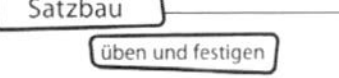

Wie gut erinnerst du dich an die Merksätze zu den einzelnen Satzgliedern?
Ergänze die Lücken.

1. Die Teile eines Satzes, die beim Umstellen immer zusammenbleiben, werden Satzglieder genannt.

2. Das wichtigste Satzglied ist das Prädikat (Satzaussage). Es ist immer ein Verb. Im Aussagesatz verändert es seine Stellung nicht, es steht immer an zweiter Stelle. In einem Frage- oder Aufforderungssatz steht es an erster Stelle.

3. Ein weiteres Satzglied ist das Subjekt (Satzgegenstand). Du kannst es mit der Frage „Wer oder was?“ herausfinden.

4. Das Akkusativobjekt erkennst du durch die Frage „Wen oder was?“.

5. Mit der Frage „Wem?“ bekommst du das Dativ-Objekt heraus.

6. Um die adverbiale Bestimmung des Ortes herauszufinden, fragst du mit den Fragen „Wo?“, „Woher?“ und „Wohin?“.

7. Um die adverbiale Bestimmung der Zeit herauszufinden, fragst du mit den Fragen „Wann?“, „Seit wann?“, und „Wie lange?“, „Bis wann?“.

© Verlag an der Ruhr | Autorinnen: Kistner/Thanuskody | ISBN 978-3-8346-2971-5 | www.verlagruhr.de

Lösungen

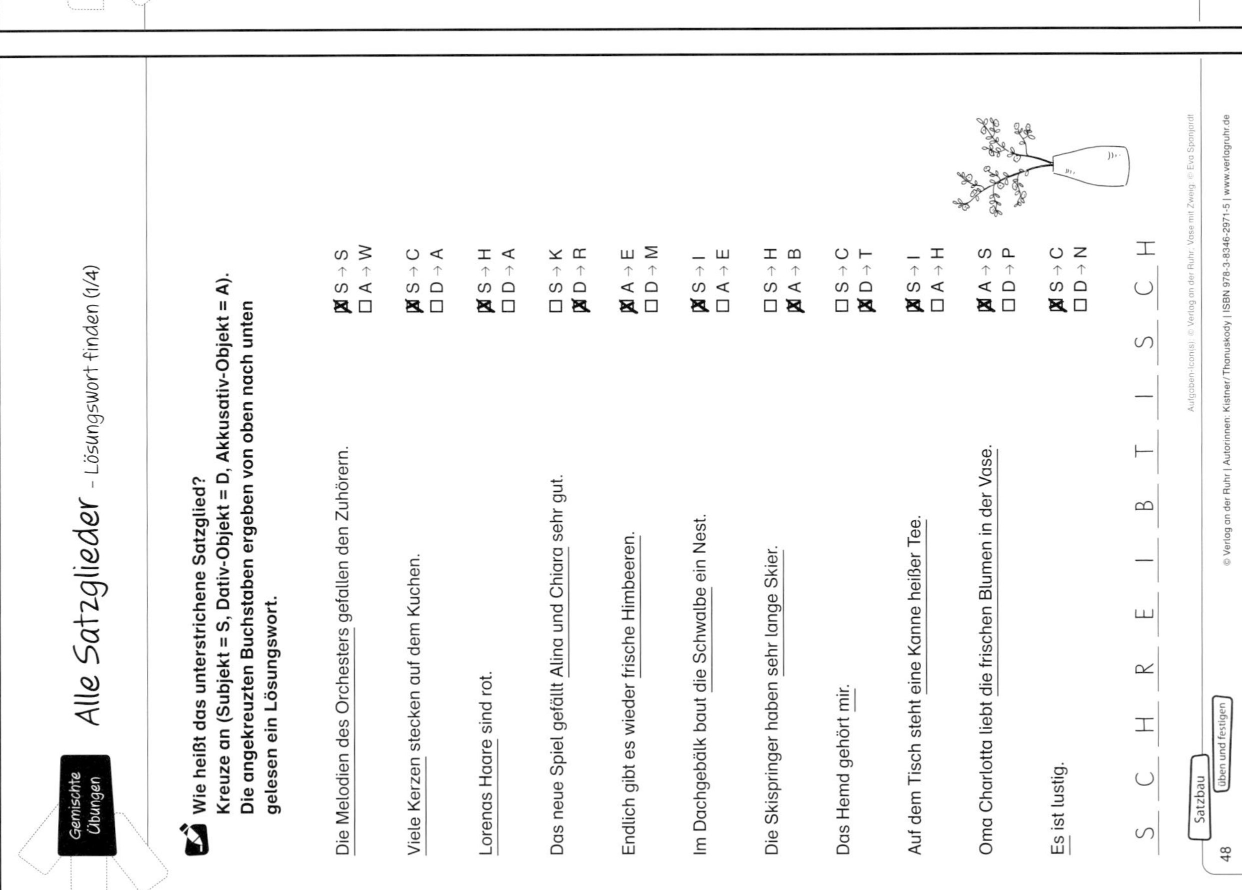

Gemischte Übungen

Alle Satzglieder – Lösungswort finden (1/4)

Wie heißt das unterstrichene Satzglied? Kreuze an (Subjekt = S, Dativ-Objekt = D, Akkusativ-Objekt = A). Die angekreuzten Buchstaben ergeben von oben nach unten gelesen ein Lösungswort.

Satz		
Die Melodien des Orchesters gefallen den Zuhörern.	☒ S → S	☐ A → W
Viele Kerzen stecken auf dem Kuchen.	☒ S → C	☐ D → A
Lorenas Haare sind rot.	☒ S → H	☐ D → A
Das neue Spiel gefällt Alina und Chiara sehr gut.	☐ S → K	☒ D → R
Endlich gibt es wieder frische Himbeeren.	☒ A → E	☐ D → M
Im Dachgebälk baut die Schwalbe ein Nest.	☒ S → I	☐ A → E
Die Skispringer haben sehr lange Skier.	☐ S → H	☒ A → B
Das Hemd gehört mir.	☐ S → C	☒ D → T
Auf dem Tisch steht eine Kanne heißer Tee.	☒ S → I	☐ A → H
Oma Charlotta liebt die frischen Blumen in der Vase.	☒ A → S	☐ D → P
Es ist lustig.	☒ S → C	☐ D → N

S C H R E I B T I S C H

© Verlag an der Ruhr | Autorinnen: Kistner/Thonuskody | ISBN 978-3-8346-2971-5 | www.verlagruhr.de

Gemischte Übungen

Alle Satzglieder – Lösungswort finden (2/4)

Wie heißt das unterstrichene Satzglied? Kreuze an (Subjekt = S, Dativ-Objekt = D, Akkusativ-Objekt = A). Die angekreuzten Buchstaben ergeben von oben nach unten gelesen ein Lösungswort.

Satz		
Ich sehe einen riesigen Regenbogen.	☐ S → E	☒ A → S
Die Schnauze des Pudels ist feucht.	☒ S → A	☐ D → K
Lucia will den nassen Frosch nicht küssen.	☒ A → F	☐ D → A
In einer Höhle ist der Schatz versteckt.	☒ S → T	☐ D → R
Endlich findet Opa den Koffer.	☒ A → F	☐ D → K
Jakob trägt seiner Mutter die Tüten ins Haus.	☐ S → I	☒ D → L
Lea beantwortet dem Lehrer eine Frage.	☒ D → A	☐ A → O
Mit einer Hand fing Tommi den Ball.	☒ A → S	☐ D → T
Josef sucht verzweifelt seinen Schlüssel in der Sporttasche.	☒ S → C	☐ A → H
Linus fährt jeden Tag mit dem Bus zur Schule.	☐ A → S	☒ S → H
Heute besucht mich meine Patentante.	☒ S → E	☐ D → N

S A F T F L A S C H E

© Verlag an der Ruhr | Autorinnen: Kistner/Thonuskody | ISBN 978-3-8346-2971-5 | www.verlagruhr.de

Lösungen

Gemischte Übungen

Alle Satzglieder – Lösungswort finden (3/4)

Wie heißt das unterstrichene Satzglied?
Kreuze an (Dativ-Objekt = D, Akkusativ-Objekt = A, adverbiale Bestimmung der Zeit = Z, adverbiale Bestimmung des Ortes = O).
Die angekreuzten Buchstaben ergeben von oben nach unten gelesen ein Lösungswort.

Dem Kind fällt das Glas aus der Hand.	☐ S → E ☒ D → F
Lea und Nadja spielen ein Kartenspiel im Kinderzimmer.	☐ S → A ☒ A → O
Die Tulpen im Garten lassen die Köpfe hängen.	☒ S → L ☐ D → A
Mein Bruder putzte gestern sein neues Auto.	☒ Z → I ☐ O → R
In Frau Hubers Garten stehen viele Obstbäume.	☒ O → E ☐ D → K
Auf dem Bett liegt stets die faule Katze Mia.	☐ O → I ☒ Z → N
Um Mitternacht begann der Maskenball.	☒ S → S ☐ A → O
Die Frösche im Teich quaken die ganze Nacht.	☒ Z → T ☐ D → B
Übermorgen gebe ich dir die CD zurück.	☐ S → C ☒ D → I
Einen süßen Apfel schenkt Noah Gloria.	☐ A → S ☒ D → F
Wolfi will übermorgen seine Oma besuchen.	☐ S → E ☒ A → T

F O L I E N S T I F T

Aufgaben-Icon(s), Frosch: © Verlag an der Ruhr

© Verlag an der Ruhr | Autorinnen: Kistner/Thanuskody | ISBN 978-3-8346-2971-5 | www.verlagruhr.de

Gemischte Übungen

Alle Satzglieder – Lösungswort finden (4/4)

Wie heißt das unterstrichene Satzglied?
Kreuze an (Dativ-Objekt = D, Akkusativ-Objekt = A, adverbiale Bestimmung der Zeit = Z, adverbiale Bestimmung des Ortes = O).
Die angekreuzten Buchstaben ergeben von oben nach unten gelesen ein Lösungswort.

Im Gras suchen die Kinder Regenwürmer.	☒ S → N ☐ A → S
Seinem kleinen Bruder leiht Benni das Kartenspiel.	☐ S → A ☒ D → U
Leider ist die Chipstüte fast leer.	☒ S → S ☐ D → A
Flo hat im Regal viele Kuscheltiere.	☒ O → S ☐ D → R
Bald können wir unseren neuen Welpen abholen.	☒ A → J ☐ D → K
Ich lese meine Bücher oft mehrere Male.	☐ S → I ☒ A → O
Claudia und Birgit füttern die süßen Hasen im Stall.	☒ O → G ☐ Z → O
Jeden Freitag übt Janis das Turnen am Reck.	☒ Z → H ☐ D → T
Nach einem Unfall ist die Stoßstange des Autos verbogen.	☒ S → U ☐ A → H
Marla zieht ihren gestreiften Badeanzug am Strand gern an.	☒ O → R ☐ S → H
Dieses Jahr ist Mamas Kirschsaft sehr sauer.	☒ Z → T ☐ D → N

N U S S J O G H U R T

Aufgaben-Icon(s): © Verlag an der Ruhr; Kaninchen: © Dorothee Wolters

© Verlag an der Ruhr | Autorinnen: Kistner/Thanuskody | ISBN 978-3-8346-2971-5 | www.verlagruhr.de

Lösungen

Gemischte Übungen

Satzglieder erkennen (1/2)

Stelle die Fragen nach den unterstrichenen Satzgliedern. Schreibe sie und den Namen des Satzgliedes auf.

Beispiel:

Der Mann trinkt einen Kaffee.

→ Wer oder was trinkt einen Kaffee? (Subjekt)

Nachmittags geht Janina in den Karate-Unterricht.

→ Wohin geht Janina nachmittags? (adverbiale Bestimmung des Ortes)

Der Autor schreibt stundenlang an seinem neuen Buch.

→ Wie lange schreibt der Autor an seinem neuen Buch? (adverbiale Bestimmung der Zeit)

Kurt muss seinen Pudel täglich Gassi führen.

→ Wen oder was muss Kurt täglich Gassi führen? (Akkusativ-Objekt)

Herr Pit gibt dem Kellner ein großzügiges Trinkgeld.

→ Wem gibt Herr Pit ein großzügiges Trinkgeld? (Dativ-Objekt)

Coco ist beim Wandern der Schnürsenkel gerissen.

→ Wem ist beim Wandern der Schnürsenkel gerissen? (Dativ-Objekt)

Unter dem Sofa liegt der lang vermisste Schuh.

→ Wer oder was liegt unter dem Sofa? (Subjekt)

Der neue Koch wäscht den Salat sehr gründlich.

→ Wen oder was wäscht der neue Koch sehr gründlich? (Akkusativ-Objekt)

Im Meer schwimmen leider viele Abfälle.

→ Wer oder was schwimmt leider im Meer? (Subjekt)

© Verlag an der Ruhr | Autorinnen: Kistner/Thanuskody | ISBN 978-3-8346-2971-5 | www.verlagruhr.de

Gemischte Übungen

Satzglieder erkennen (2/2)

Stelle die Fragen nach den unterstrichenen Satzgliedern. Schreibe sie und den Namen des Satzgliedes auf.

In der Wiese versteckt sich ein kleines Häschen.

→ Wer oder was versteckt sich in der Wiese? (Subjekt)

Die aufgeschlagene Zeitung liegt auf Papas Beinen.

→ Wo liegt die aufgeschlagene Zeitung? (adverbiale Bestimmung des Ortes)

Die Krallen unserer Katze sind sehr spitz.

→ Wer oder was ist sehr spitz? (Subjekt)

In 30 Minuten ist der Apfelkuchen fertig gebacken.

→ Wann ist der Apfelkuchen fertig gebacken? (adverbiale Bestimmung der Zeit)

Hinter dem Bauernhaus fließt ein kleiner Bach durch die Wiese.

→ Wer oder was fließt hinter dem Bauernhaus durch die Wiese? (Subjekt)

Der Lehrer gibt den Schülern die korrigierten Hausaufgaben zurück.

→ Wem gibt der Lehrer die korrigierten Hausaufgaben zurück? (Dativ-Objekt)

Mark stellt den Sattel seines Fahrrades höher.

→ Wen oder was stellt Mark höher? (Akkusativ-Objekt)

Dagmar füttert das Baby mit schleimigem Haferbrei.

→ Wen oder was füttert Dagmar mit schleimigem Haferbrei? (Akkusativ-Objekt)

In der Kühltruhe wartet leckeres Eis auf uns.

→ Wo wartet leckeres Eis auf uns? (adverbiale Bestimmung des Ortes)

© Verlag an der Ruhr | Autorinnen: Kistner/Thanuskody | ISBN 978-3-8346-2971-5 | www.verlagruhr.de

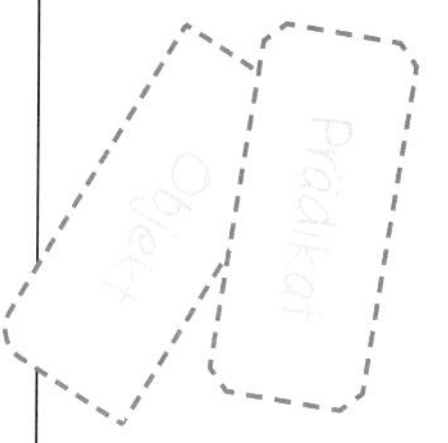

Lösungen

Bist du fit?

Gemischte Übungen

Trenne die Satzglieder ab. Bestimme dann die Satzglieder und unterstreiche sie in der vorgegebenen Farbe:

Subjekt:	**schwarz**	**adverbiale Bestimmung der Zeit:**	**lila**
Prädikat:	**rot**		
Akkusativ-Objekt:	**grün**	**adverbiale Bestimmung des Ortes:**	**blau**
Dativ-Objekt:	**gelb**		

Am Wochenende | wird | Timo | seinen Eltern | im Garten | helfen.

Das Pferd | tritt | dem Tierarzt | ans Bein.

Seit einiger Zeit | besucht | Zora | einen Schach-Club | unten in der Stadt.

Matthias | hält | mir | eine Tafel Schokolade | vor die Nase.

Das Auto | bremst | vor dem Kino | ab.

Hinter dem Schulhof | findet | morgen | eine Wasserschlacht | statt.

Selten | haben | wir | keine Hausaufgaben | auf.

Max und Rosa | werden | dem Hausmeister | in der Küche | helfen.

Dominik | hört | abends | Gruselgeschichten.

Im Winter | fährt | meine Verwandtschaft | jedes Jahr | nach Österreich.

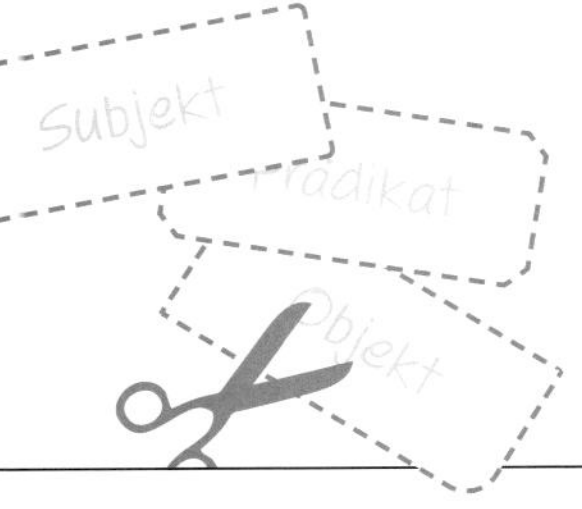

Medientipps

Bartnitzky, Horst et. al.:
Grammatikunterricht in der Grundschule.
Cornelsen Scriptor, 2005.
ISBN 978-3-589-05065-9

Bredel, Ursula:
Sprachbetrachtung und Grammatikunterricht.
UTB, 2013.
ISBN 978-3-8252-3838-4

Bünting, Karl-Dieter:
Die Satzbaustelle (1 farb. Poster A0 u. Begleitheft).
Verlag an der Ruhr, 2010.
ISBN 978-3-8346-0619-8

Bünting, Karl-Dieter:
Grammatik – Alles, was Grundschullehrer wissen müssen
Kl. 1–4, Verlag an der Ruhr, 2012.
ISBN 978-3-8346-0865-9

Engelhardt, Anja:
30 x Rechtschreibung für 45 Minuten – Klasse 3.
Verlag an der Ruhr, 2015.
ISBN 978-3-8346-2729-2

Grabe, Astrid; Mucha, Andrea:
Schreibhandwerk – Gute Texte schreiben. Grundtechniken.
Kl. 3/4, Verlag an der Ruhr, 2003.
ISBN 978-3-86072-781-2

Grunefeld, Maike; Schmolke, Silke:
Individuelles Lernen mit System. Ein praxiserprobtes Konzept für alle Grundschulklassen.
Kl. 1–4, Verlag an der Ruhr, 2011.
ISBN 978-3-8346-0765-2

Kistner, Saskia; Mihsler, Ann C.:
Die vier Fälle – Nominativ, Genitiv, Dativ, Akkusativ üben und festigen.
Verlag an der Ruhr, 2014.
ISBN 978-3-8346-2490-1

Menzel, Wolfgang:
Grammatikwerkstatt ... für die Primar- und Sekundarstufe.
Klett/Kallmeyer, 1999.
ISBN 978-3-7800-2021-5

Oppolzer, Ursula:
111 Ideen – Kreativität und Problemlösefähigkeit. Techniken und Übungen für mehr selbstständiges Denken im Unterricht.
Kl. 1–10, Verlag an der Ruhr, 2013.
ISBN 978-3-8346-2429-1

Scheuer, Rupert et. al.:
Sprachkompetenz fördern durch Experimentieren.
Kl. 1–6, Verlag an der Ruhr, 2011/2013.
Wasser-Experimente:
ISBN 978-3-8346-0872-7
Feuer-Experimente:
ISBN 978-3-8346-0951-9